KURDISCH-PERSISCHE FORSCHUNGEN

KURDISCH-PERSISCHE FORSCHUNGEN

ERGEBNISSE

EINER VON 1901 BIS 1903 UND 1906 BIS 1907
IN PERSIEN UND DER ASIATISCHEN TÜRKEI
AUSGEFÜHRTEN FORSCHUNGSREISE

VON

OSKAR MANN

ABTEILUNG I.

BERLIN
DRUCK UND VERLAG VON GEORG REIMER
1909

DIE TÂJÎK-MUNDARTEN DER PROVINZ FÂRS

VON

OSKAR MANN

BERLIN
DRUCK UND VERLAG VON GEORG REIMER
1909

VORWORT.

Die vorliegende erste Abteilung der „Kurdisch-persischen Forschungen“ enthält diejenigen Materialien, die ich auf meinen beiden Expeditionen aus den Mundarten der Provinz Fars zusammengebracht habe. Was mich zur Scheidung der in Persien und der Türkei erhaltenen iranischen Volksdialekte in südwestiranische und nordwestiranische Mundarten veranlaßt hat, habe ich in der Einleitung zu diesem Bande eingehender dargestellt und damit die Berechtigung der Einteilung der gesamten Publikation (siehe das Vorwort zu „Kurdisch - persische Forschungen“ Abt. IV, Bd. III, Teil 1) für die ersten beiden Abteilungen nachgewiesen. Daß auch die Dialekte der Lurstämme eine Gruppe für sich bilden, ergibt sich aus meiner „Skizze der Lurdialekte“ in den Sitzungsberichten der Berliner Akademie der Wissenschaften 1904. Und das Kurdische ist von jeher mit Recht als ein selbständiger Zweig des Westiranischen behandelt worden. —

Weshalb meine Materialien aus den Mundarten Südpersiens so gering an Umfang sind, ist in der Einleitung gesagt: die Verhältnisse haben mich gezwungen, das Schwergewicht meiner Arbeiten auf ein Abfragen einzelner grammatischer Formen zu legen. Diesen Formen eine passende Fassung zu geben, ist der Abschnitt „Zur Grammatik“ bestimmt, der also keineswegs den Anspruch machen will, eine erschöpfende systematische Darstellung der untersuchten Mundarten zu sein, wenngleich zur Ergänzung des aus den abgefragten Einzelheiten sich ergebenden Bildes mehrfach Formen aus den im zweiten Abschnitte mitgeteilten Textstücken herangezogen worden sind.

Zur Fertigstellung auch dieses Bandes der Publikation hat die nötige freie Arbeitszeit ein von Seiner Exzellenz dem Herrn Kultusminister mir gütigst gewährter Diensturlaub gegeben, für dessen Ermöglichung der Königlich Preußischen Akademie der Wissenschaften, sowie dem Generaldirektor der Königlichen Bibliothek zu Berlin, Herrn Wirklichen Geheimen Oberregierungsrat Professor DDr. Harnack und Herrn Geheimen Oberregierungsrat Professor Dr. Sachau mein ehrerbietigster Dank gebührt. Auch hat die Akademie die zur Drucklegung des Bandes erforderliche Beihülfe zu den Kosten gewährt.

Berlin, im Oktober 1909.

Oskar Mann.

INHALTSÜBERSICHT.

VERZEICHNIS DER GEBRAUCHTEN ABKÜRZUNGEN.

GIPh. = Grundriß der iranischen Philologie.

KZ. = (Kuhn's) Zeitschrift für vergleichende Sprachforschung.

ABAW. = Abhandlungen der Königl. Preuß. Akademie der Wissenschaften.

SBAW. = Sitzungsberichte der Königl. Preuß. Akademie der Wissenschaften.

ZDMG. = Zeitschrift der Deutschen Morgenländischen Gesellschaft.

JRAS. = Journal of the Royal Asiatic Society.

F.W.K. Müller I. = Müller, Handschriftenreste in Estrangelo-Schrift aus Turfan, in SBAW. 1904 S. 348—352.

F.W.K. Müller II = Müller, Handschriftenreste ... II. Teil; in ABAW. vom Jahre 1904, Anhang.

B. = Dialekt von Bûriñgûn,
M. = „ „ Mâsärm,
P. = „ „ Pâpûn,
S. = „ „ Somghûn,
} siehe Einleitung S. XXX ff.

EINLEITUNG

I.

Dialektspaltungen im Gebiete des Westiranischen.

Die altiranische Sprache ist, wie allgemein bekannt, in zwei Dialekten erhalten, dem Altpersischen und der Sprache des Awesta. Das Altpersische, in den Steininschriften der Achämenidenkönige überliefert, ist „die Kanzleisprache des persischen Hofes“[1]), die naturgemäß die Muttersprache des Herrschergeschlechtes, also der — oder ein — Dialekt der alten Persis war; es ist demnach mit Sicherheit als eine südwestiranische Mundart zu bezeichnen. Daß in den altpersischen Keilinschriften einzelne Personennamen Lautformen aufweisen, die einem anderen Dialekte entstammen, ist von F. C. Andreas schon seit dem Anfange der neunziger Jahre ausgesprochen worden[2]).

Die Sprache, in welcher uns das Awesta vorliegt, ist ohne Zweifel dem Norden Irans zuzuweisen. Die Unterschiede der beiden altiranischen Dialekte hinsichtlich der Vertretung der indogermanischen und arischen Laute sind bekannt, zuletzt von Bartholomae im Grundriß der iranischen Philologie ausführlich behandelt. —

Die zeitlich nächste uns bekannte Stufe der iranischen Sprachenentwicklung, das Mitteliranische, war uns bis zu der epochemachenden Entzifferung der manichäischen Fragmente durch F. W. K. Müller in der Hauptsache aus den Inschriften der Sassaniden und der Literatur der Parsen bekannt. Einige

[1]) Bartholomae im GIPh. I, I, S. 152.

[2]) Vgl. auch Wilh. Schulze in KZ. XXXIII, S. 214ff., wo das von den Griechen überlieferte Material an altpersischen Personennamen außerordentlich lichtvoll behandelt ist. — Die Dissertation von G. Hüsing, Königsberg 1897 vergleicht die Namensformen der drei Texte der trilinguen Inschriften.

der Sassanideninschriften sind wiederum in zwei iranischen Dialekten abgefaßt. Andreas hat charakteristische Unterschiede dieser Dialekte festgestellt, und es ergibt sich, daß der eine, mit der Sprache der Parsenbücher identische Dialekt wiederum als die Mundart der Persis, der Heimat der Sassaniden, anzusehen ist, während der andere, meist nach Martin Haug „Chaldäo-Pehlevi" genannte Dialekt mit Andreas vielmehr als die Sprache der Arsaciden zu bezeichnen ist.

Andreas[1]) stellt als unterscheidende Charakteristika dieser beiden mitteliranischen Dialekte an lautlichen Eigentümlichkeiten folgende Punkte auf:

1. Der südiranische Dialekt, die Sprache der Sassaniden, also das Mittelpersische κατ' ἐξοχήν, gibt altes *tr* (*ϑʳ*) durch *s* wieder:

pus für altpers. *puϑʳa*-[2]).

2. Der „Norddialekt", die Sprache der Arsaciden, ersetzt dagegen altes *tr* (*ϑʳ*) durch *hr*:

puhr für altpers. *puϑʳa*-.

3. Das Arsacidische hat *sh* an Stelle von *c* vor *i*:

Arsac. *shîhar*[3]) (Hajjiabad-Inschrift, Zeile 2) gegen sassan. *chitrî*.

Arsac. *shîtî* (ebenda Zeile 7), sassan. *chîtâk*. —

Auf eine neue erheblich festere Basis ist unsere Kenntnis der mitteliranischen Sprachentwicklung durch die Auffindung und Entzifferung einer beträchtlichen Anzahl manichäischer Texte gestellt worden[4]).

Zunächst vermitteln uns diese Funde die Kenntnis eines bisher unbekannten, sicher ostiranischen Dialektes des Mitteliranischen, der nach Andreas als die Sprache der Soghder an-

---

[1]) Die hier angeführten Forschungsergebnisse meines verehrten Lehrers gebe ich nach meinen Aufzeichnungen seiner Privatvorlesungen aus den Jahren 1895 und 1896 wieder.

[2]) Weitere Beispiele für die einzelnen Lautübergänge findet man weiter unten, bei der Besprechung der Dialektspaltungen im Neuiranischen.

[3]) Die Transkription nach Haug in: An old Pahlavi-Pazand Glossary ed. by Hoshangji Jamaspji Asa. 1870, Einltg. S. 46—48.

[4]) F. W. K. Müller, Handschriftenreste in Estrangeloschrift aus Turfan, (I) in SBAW. 1904, S. 348—352. Teil II in ABAW. aus 1904, Anhang.

zusehen ist. Von diesem haben wir hier, wo wir uns lediglich mit den westiranischen Mundarten zu befassen haben, abzusehen.

Aber auch die umfangreichen, von F. W. K. Müller publizierten Texte sind nicht, wie Müller (II, S. 96) meint, nur „Proben verschiedener Sprachschichten, aber kaum weit differierende“.

Schon eine, zunächst nur oberflächliche Durchsicht der Texte zeigte mir, daß in ihnen Formen zweier deutlich geschiedenen mitteliranischen Mundarten vorliegen.

Auf Grund meiner Untersuchungen der im westlichen Persien gesprochenen Volksdialekte konnte ich schon damals — 1904 — mit aller Sicherheit den einen der beiden mitteliranischen Dialekte dem Norden Irans zuweisen, während der andere, mit dem Mittelpersischen der Sassanideninschriften und der Parsenliteratur identische, natürlich dem südlichen Persien, der heutigen Provinz Fars, entstammen muß.

Wie sich die beiden Mundarten auf die einzelnen Bruchstücke der Sammlung verteilen, und welcherlei Schlüsse aus dem Nebeneinander, und aus der an einzelnen Stellen vorliegenden Mischung beider Dialekte zu ziehen sind, das gründlich zu untersuchen, muß ich mir hier leider versagen. Uns interessieren hauptsächlich die charakteristischen Merkmale der beiden mitteliranischen Mundarten, weil sie — das mag aus der weiteren Darstellung vorweg genommen sein — auch in den heutigen Volksdialekten des westlichen Iran wiederkehren, und, hier wie dort, eine klare Scheidung zwischen den dem Norden Irans angehörenden Mundarten und denen des Südens vorzunehmen uns veranlassen müssen.

Ich führe im folgenden einige der hauptsächlichsten Unterschiede der beiden mitteliranischen Mundarten an, ohne Vollständigkeit erstreben zu wollen. Die Auswahl geschieht im wesentlichen mit Rücksicht auf die weiter unten eingehender behandelte Scheidung der modernen Dialekte in nord- und südwestiranische Mundarten.

1. Aus der Lautlehre.

a) Altpers. *ϑr*, awest. *ϑr*.

Im Süddialekt *s*:

pûs, pûsar „der Sohn“,
seh, sidîg „drei, dritter“.
Im Norddialekt *hr:*
pûhar „Sohn“, *hrê, hridîg* „drei, dritter“.

b) Altpers. *d,* awest *z* (= altind. *h*).
Im Süddialekt *d:*
dil „Herz“
dânêm „ich weiß“ (M. 475 und M. 388)[1]).
Im Norddialekt *z:*
zîrd „Herz“
zânâd „er merkte, erfuhr“ (M. 47, Müller II S. 83 falsch: „er strafte“)
az „ich“.

c) Altpers. *ϑ*, awest. *s* (altind. *ç*).
Im Süddialekt *h:*
**dah* „zehn“ in *dûazdah.*
Im Norddialekt *s:*
das „zehn“, *êvandas* „elf“.

d) Altpers. *j* (palatale Media), awest. *j.*
Im Süddialekt *z:*
zîndagân „Lebende“, und alle Ableitungen vom Verbalstamm neupers. زيستن
zamân „Zeit“ (M. 473b)
zad „geschlagen“ (M. 470).
Im Norddialekt *ž:*
žîvandag „lebendig“ (M. 40)
žanîn „Frauen“ (M. 18)
žamân „Zeit“ (M. 132)
žanênd „sie schlagen“ (M. 132).

2. Aus der Formenbildung und dem Lexikon.

a) Der Süddialekt hat das Präsens von $\sqrt{kar\text{-}}$ „machen“ aus dem Präsensthema *kun-* (altpers. *akunavam*) gebildet, während der Norddialekt als Präsensthema *kar-* benutzt.

---

[1]) Die Manichäischen Texte sind nach den bei Müller II den einzelnen Stücken vorangedruckten Museumssignaturen zitiert.

Süddialekt: *qunêd* (M. 20), *qunân* (M. 75), *qunând* (M. 482), *kunishn* (M. 477), und öfters.

Norddialekt: *qarishn* (M. 40) *qarêd, qarênd* (M. 18).

b) Im Süddialekt finden sich ausschließlich Formen der $\sqrt{gub\text{-}}$ (altpers. *gaubataiy*) „sagen", während der Norddialekt nur Formen der (awest.) $\sqrt{vac\text{-}}$ verwendet.

S. *govând* (M. 475), *govêd* (M. 477 und häufiger) u. a.

N. *vâcênd* (M. 132) u. a.

Der Beweis für eine getrennte Verwendung zweier verschiedener Dialekte in den Manichäischen Texten wird, da die Mehrzahl der Worte und Wortformen beiden Mundarten gemeinsam sind, natürlich erst beigebracht sein, wenn von den soeben als Formen zweier verschiedener Dialekte festgestellten charakteristischen Merkmalen sich die eine Reihe, also entweder Süd- oder Norddialektformen in mehr oder weniger konsequenter Durchführung in einzelnen zusammenhängenden Stücken nachweisen lassen.

So haben wir in dem ersten Stück bei Müller II (Seite 11, Signatur M. 475) folgende Reihe von Süddialektformen:

pûsar, govând, govâm, qunân, guftan, an („ich") *dânêm, qûnad, dîl, govêd,* usw.

Dagegen findet sich keine von den oben als dem Norddialekt eigen verzeichneten Formen. Nur *shahr* in *khradêshahr* zeigt *hr* für altes *ϑr*. Hier liegt offenbar ein terminus technicus vor, wie auch in dem vielfach in süd-mitteliranischen Stücken vorkommenden *yôždahar* (z. B. M. 17 auf S. 25/26), worauf mich Andreas aufmerksam macht.

Ähnlich läßt sich noch in einer Reihe anderer Fragmente der Süddialekt, das Mittelpersische, nachweisen.

Konsequent durchgeführten Norddialekt haben wir z. B. in den Stücken M. 18 und M. 132, den „Zitaten aus den christlichen Evangelien" (Müller II, S. 34—37).

Zunächst in M. 18:

bagpûhar, žanîn, žîvandag, qarênd, hridîg, qarêd.

In M. 132: *žanênd, vâcênd, hrê, žîvandag.*

Ferner in M. 34 (Müller II, S. 44/45) die Zahlworte *dvâdês, hridîg, [da]sum* usw.[1]).

Soviel möge hier genügen. Bündige Beweise für eine in recht alte Zeit zurückreichende Spaltung des Westiranischen in Süd- und Nordmundarten, und zwar im wesentlichen auf derselben Grundlage, wie sie uns die beiden eben nachgewiesenen mitteliranischen Mundarten liefern, geben uns die heute im Volksmunde gebräuchlichen Lokaldialekte im westlichen Iran.

Was bislang von den Volksmundarten Westpersiens bekannt war, ist von Wilhelm Geiger im Grundriß der iranischen Philologie Bd I, Abt. II in den Abschnitten: „Die kaspischen Dialekte" und: „Zentrale Dialekte" zusammenfassend behandelt worden. Auf S. 344—46 und 381 gibt Geiger ein vollständiges Verzeichnis der bis etwa 1900 erschienenen Literatur über die betreffenden Dialekte und der Materialsammlungen. Seit dem Erscheinen der Darstellung Geiger's ist, soweit ich sehe, außer in de Morgan's „Mission scientifique en Perse", Tome V, neues Material zur Kenntnis der Dialekte Persiens nicht veröffentlicht worden.

In der allgemeinen Einleitung seiner Arbeit[2]) beklagt Geiger mit Recht das Fehlen jeglichen Materials aus den Mundarten der Provinz Fars, der alten Persis. Nur ganz geringfügige

---

[1]) Ich verhehle mir nicht, daß eine absolut reinliche Scheidung der Fragmente in nordmitteliranische und mittelpersische sich — wenigstens auf den ersten Blick — nicht ganz konsequent durchführen läßt. Eine gründlichere Untersuchung der Manichäischen Texte, auch der noch nicht publicierten, im Museum für Völkerkunde zu Berlin unter Verschluß gehaltenen, nach der angegebenen Richtung hin ist dringend vonnöten. —

Natürlich hat auch F. C. Andreas das Nebeneinander der beiden Dialekte schon 1904 bemerkt (s. F. W. K. Müller, Uigurica in ABAW. 1908, Seite 3 Anm.). Jedenfalls könnte er, der sich seit Jahren mit den mitteliranischen Texten aus Turfan beschäftigt, und dem auch die bisher nicht publizierten Fragmente zugänglich sind, sowohl das beweisende Material bedeutend vermehren, als auch aus noch anderen Quellen vielleicht noch mehr überzeugende Beweise beibringen, als ich, lediglich von den von mir untersuchten modernen Dialekten ausgehend, zu geben imstande bin.

[2]) GIPh. I, II S. 287—288.

Sprachproben aus diesem Gebiete standen ihm in den von Browne im JRAS, Oktober 1895, S. 773ff. veröffentlichten Dialektgedichten zur Verfügung[1]).

Und diese sind, als Kunstprodukte, nur mit äußerster Vorsicht zu benutzen.

Zunächst wären die in den Gedichten vorkommenden Formen nur dann zu verwerten, wenn man sie genau zu lokalisieren vermöchte. So würde sich ergeben, daß der Provinz Fars nur vier der bei Browne aufgeführten Dichter angehören: Sa'dî, Ḥâfiẓ, Bûsḥâq und, mit einer gewissen Einschränkung, 'Alî-Riḍâ aus Bähbähân[2]). Die übrigen Gedichte weisen keinen volkstümlichen Dialekt auf, sondern sind in demselben persischen Jargon abgefaßt, den wir aus den Rubâ'iyyât des Bâbâ Ṭâhir kennen. Hier liegt eine Mischung aus hochpersischen Worten mit der allgemein in ganz Persien üblichen, im Volksmunde abgeschliffenen Form der Schriftsprache vor, zu der sich dann noch einige wenige echte Volksdialektformen gesellen. Die Gedichte der oben genannten vier aus Fars stammenden Dichter bringen allerdings eine Reihe für die Geschichte der persischen Sprache wichtiger, sicher aus älteren Volksmundarten entnommener Formen.

---

[1]) Das Sîvändî gehört nicht zu den Mundarten von Fars, vielmehr zu den übrigen bisher bekannten, insgesamt im Norden Irans heimischen Dialekten, wie sich auch aus Geigers Darstellung ergibt. Sîvänd ist eine Sprachenklave, genau wie der weiter unten behandelte Dialekt von Kälûn-Abdû eine kurdische Sprachinsel in der Persis ist. —

Es mag hier bemerkt werden, daß die leider immer noch nicht herausgegebenen Sammlungen Zhukovskij's kaum brauchbares Material für die Kenntnis der eigentlichen Fars-Mundarten liefern werden. Denn sie erstrecken sich nach C. Saleman (Bull. de l'Acad. de St.-Pétersbourg, vol. XXXI, S. 537-40) auf die Dialekte von Sîvänd (Norddialekt) und Kälûn-Abdû (kurdisch). Nur das Pôpûnî wäre nach meinen Untersuchungen ein persischer Dialekt.

[2]) Das Gedicht Nr. XI (bei Browne) des 'Alî-Riḍâ ist, wie die Angabe in der Überschrift besagt, tatsächlich in dem Lur-Dialekte der Bakhtiaren abgefaßt; vielleicht ist es wegen der Übertreibung einer dem Bakhtîârî eigentümlichen Lauterscheinung — *s* an Stelle von pers. *sh* — als Spottgedicht auf die Bakhtiaren-Sprache aufzufassen. Letzteres würde aber nur zutreffen, wenn in Browne's Text die Überlieferung des Wortes سمل für شمل richtig wäre, s. meine „Skizze der

Ich will auf diese Gedichte hier nicht weiter eingehen, da ich für diese Dialektpoesie noch sehr umfangreiches Material gefunden habe in einer Handschrift aus dem Besitze A. Socins, jetzt in der Bibliothek der Deutschen Morgenländischen Gesellschaft. Die Handschrift enthält die Ghazaliyyât eines Dichters شمس پُس ناصر, die fast durchweg im Schiraser Dialekt geschrieben sind. Die Publikation dieser Handschrift hoffe ich später den „Kurdisch-Persischen Forschungen“ folgen lassen zu können, und ich werde dabei auch die übrigen mir zugänglichen persischen Dialektdichtungen im Zusammenhange zu behandeln haben. Einige Einzelheiten aus meiner in den Jahren 1894 und 1895 unternommenen Durcharbeitung der Handschrift werden im folgenden gelegentlich mit herangezogen werden.

An Materialien zur Kenntnis der heutzutage gesprochenen Mundarten der Provinz Fars fehlte es bisher gänzlich, wenigstens an allgemein zugänglichen. F. C. Andreas hat in den Jahren seines Aufenthaltes in Fars Sammlungen aus den Volksdialekten angelegt, und ich bin meinem hochverehrten Lehrer zu großem Danke verpflichtet dafür, daß er mir diese seine Sammlungen vor Antritt meiner Expedition, die ja zum Teil auch diesen persischen Dialekten galt, zu eingehendem Studium überlassen hat. Schon aus den Sammlungen Andreas' war zu ersehen, daß die Dorfdialekte des südwestlichen Persiens durchaus und besonders hinsichtlich der Wiedergabe der altiranischen Laute mit der neupersischen Schriftsprache übereinstimmen, wogegen die übrigen, von anderer Seite untersuchten Mundarten Persiens, die allesamt aus dem Norden Irans stammten, erhebliche Abweichungen von dem neupersischen Lautbestande zeigten. Meine eigenen Arbeiten in Fars, die ich absichtlich an anderen Orten, als Andreas, vorgenommen habe, bestätigten dieses Ergebnis.

Lurdialekte“ in SBAW. 1904. Ich habe aber dasselbe معراجنامه in wenig abweichender Fassung von einem Bakhtiaren gehört, ohne die verdächtige Form سند.

Und die weiteren Studien an Volksdialekten außerhalb der Persis, in Isfahan, Soh, Qohrûd, Khûnsâr, Nâyin, Maḥallât usw., zeigten mir mit Evidenz, daß die Volksmundarten der Provinz Fars mit dem Schriftpersischen zu einer eng zusammengehörenden Gruppe von Dialekten zu vereinigen sind, welcher als andere sehr weit verzweigte Gruppe die Mundarten des nördlichen Teiles von Westpersien entgegen stehen.

Wir haben also die von Geiger behandelten Dialekte, zu denen noch eine Reihe anderer von mir untersuchter Mundarten kommt, auf Grund ihrer Abweichungen von den Lautverhältnissen der aus Fars stammenden Schriftsprache als nordwestiranische Mundarten zusammenzufassen. Die markantesten Abweichungen dieser „Norddialekte" von der persischen Schriftsprache und den Dialekten von Fars sind demnach im wesentlichen dieselben, die Geiger (a. a. O. Seite 351ff. und 385ff.) als lautliche Eigentümlichkeiten der „kaspischen" und der „zentralen" Dialekte aufführt[1]).

1. Die nordwestiranischen Dialekte haben anlautendes *v* und *y* gegenüber neupersischem *b* und *j* (ج) erhalten. Beispiele bei Geiger S. 351 aus den kaspischen, S. 385 aus den zentralen Dialekten. In den Farsdialekten ist älteres *y* durch *j* wiedergegeben: *jô* „Gerste", *jạs* „er sprang", *jûm* „Becher" u. a. Ebenso steht *b* anlautend für älteres *v*[2]): *mîbonäm* „ich sehe", *bâ* „Wind", *bî* „Weide".

2. idg. k_1 = iran. *s* = altpers. ϑ im In- und Auslaut ist in den kaspischen Mundarten (Beispiele bei Geiger, S. 352) und in den zentralen (a. a. O. S. 385) durch *s* vertreten. Die Schriftsprache hat *h*. Ebenso die Farsdialekte[3]): Bûriñgûnî *pạh* „Kleinvieh".

---

[1]) Ich gebe hier nur die allen bisher bekannten Mundarten gemeinsamen Merkmale an, soweit sie Verschiedenheiten vom „Südwestiranischen" aufweisen. Eine eingehendere Behandlung der „nordwestiranischen" Dialekte muß der II. Abteilung meiner „Kurdisch-Persischen Forschungen" vorbehalten bleiben.

[2]) Siehe jedoch weiter unten, Seite 13.

[3]) Zu den bemerkenswerten Formen *takhan* und *tanzat* im Schiraser Dialekt (Gedicht des Sa'dî bei Browne, JRAS. 1895, S. 795) kann ich aus der oben erwähnten Handschrift des Shäms-i-Nâṣir noch hinzufügen: مى تَزم = np. ميسوزم

3. indogerm. g_1, g_1h geben die Norddialekte durch *z* (Beispiele bei Geiger S. 352 und 385), die Schriftsprache und die Farsmundarten durch *d* (wie das Altpersische) wieder[1]).

mîdunäm „ich weiß“, *dis* „Hand“, *dûsh* = np. دیشب (gegen z. B. Sîvändî: *zîrä* „gestern“).

4. indogerm. g_2, g_2h ist in den kaspischen (Beispiele bei Geiger S. 351) und den zentralen (Beispiele S. 385) Mundarten durch *j* oder *zh* vertreten. Die Schriftsprache und die Farsdialekte haben *z*: *zän* „Weib“, *zä* „geschlagen“.

Auch steht für älteres *c* in den Farsdialekten und in der Schriftsprache *z* gegen *j*, *zh* der Norddialekte: *sûzän* „Nadel“, *mî-päzäm* „ich koche“.

Zu diesen, im Anschluß an Geigers Darstellung hier gegebenen Punkten kommt noch hinzu:

5. Iranisch *ϑr*, altpers. $ϑ^r$, ist in den nordwestiranischen Mundarten durch *hr*, in den Farsdialekten und im Schriftpersischen durch *s* vertreten. Entscheidend ist hier, daß in allen Farsdialekten für „Sohn“ das Wort *pus* gebraucht wird, wogegen die Norddialekte, sofern sie nicht, wie das Kurdische, ein Wort wie *kur* haben, das alte *puϑ^ra-* in der Form *pûr* (aus *puhr*) aufweisen, s. das Glossar Zhukovskij's in seinen „Materialien“, S. 85. Ebenso das Gäbrî, Sämnânî, während das Mâzändärânî und Gîläkî ihr پسر offenbar der Schriftsprache entnommen haben.

Ein weiteres Beispiel für den Übergang des alten $ϑ^r$ in südiranisches *s* scheint mir vorzuliegen in dem Präsens S. *min^esäm*, P. *mînisäm*, M. *mînisom*, Ardäkânî (Andreas) *mänsäm*, Khullârî

میتوست = np. میسوزد. Die betr. Verse lauten: دل مز آتش عشق تو جو مشعله میتوست, was nichts anderes bedeuten kann, als: „mein Herz brennt von dem Feuer der Liebe zu dir wie eine Fackel“. Und: و سان بلبل دلتفته میتزم شو و روز „nach Art der Nachtigall glühenden Herzens brenne ich Nacht und Tag“. Auch میتزه „du brennst“ kommt vor. Also *t* für altpers. *ϑ* = indogerman. k_1 im Anlaute.

[1]) Über den Eintritt von δ (dentaler Spirans) für *d* jeder Provenienz im Gebiete der Farsdialekte siehe weiter unten in dem Abschnitt „Zur Grammatik“. Vgl. auch meine „Skizze der Lurdialekte“ S. 6 des S.-Abdr.

(Andreas) *mînsäm* = „ich setze, stelle, lege". Mit dem schriftpers. مینهم ist es unmöglich zusammenzustellen; ich erkläre es als eine Bildung aus der altpers. $\sqrt{\vartheta ri}$- (*niyaϑ^rârayam* in Bh. 1,14), altind. $\sqrt{çri}$- mit Verbalpräfix *ni*.

In den Norddialekten haben wir *hr* für altes *ϑr* in dem Zahlwort „drei": Sämnânî: *heirä*, Gûrânî (aus Kändûlä bei Kirmânshâh)[1]): *yérî*, Zaza[1]) *hîrye* (Lerch, Forschungen II, Seite 195). Es ist leicht erklärlich, daß die einheimische Form des Zahlwortes in den Dialekten durch die Form der Schriftsprache verdrängt wird, nicht aber umgekehrt. So findet sich die Form *seh* für „drei" überwiegend auch in den Norddialekten; nie aber eine die Vertretung *hr* für *ϑr* aufweisende Form in den Farsmundarten. Das Nebeneinander von Formen mit *s* und *hr*, wie *dâs* — *dahra*, *pâs* — *pahra* (P. Horn im GIPh. I, II, S. 86 § 38,3) in der Schriftsprache findet seine Erklärung also gerade in dem der Auffassung Horns entgegengesetzten Sinne[2]). —

Auch die Formenbildung und das Lexikon weist uns entscheidende Merkmale für die Trennung der Nordwest-Dialekte von den südwestlichen, der Schriftsprache und den Fars-Mundarten, nach.

Schon Cl. Huart (Journal Asiatique, 8me série, tome XIV, pag. 243) hat hervorgehoben, daß die ihm damals zugänglichen Reste von westiranischen Dialektpoesien das Präsensthema der $\sqrt{kar}$, „machen", in der Form *kar*- haben, während die Schriftsprache das *kun* des Altpersischen aufweist. So haben auch die „zentralen Dialekte" (Geiger a. a. O. Seite 394 § 181 Nr. 4) sämtlich *kar*-. Von den Formen der „kaspischen" Dialekte ist das *ka*- des Tâlîshî sicher auf *kar*- zurückzuführen, wie ja auch die kurdischen Präsentia *däkäm*, *dikim*, usw. aus dem Thema *kar*- gebildet sind (s. Justi, Kurd. Gramm. S. 198 u. S. 219, Nr. 183). Die Formen des Mâzändärânî *kan*-, und des Gîläkî

---

[1]) Diese beiden, fälschlich für kurdisch gehaltenen Dialekte gehören durchaus zu denjenigen Mundarten, die Geiger als „zentrale" bezeichnet.

[2]) Das Eintreten von *s* für *ϑr* zeigt sich, wie Andreas schon lange gesehen hat, schon im Altpersischen, vgl. die Namensformen Αρταξεσσης und *Vaumisa*, der als Perser natürlich einen persischen, und nicht einen nordiranischen Namen trägt.

kun- werden als Neubildungen aufzufassen sein, wie ja die kaspischen, und auch z. T. die zentralen Dialekte (vgl. auch das Zaza), die Tendenz zeigen, die Bildung der Präsensstämme mit *n* allgemein durchzuführen (s. Geiger, a. a. O. S. 363, § 132,1 und S. 394, § 181,1)[1]).

In den Farsdialekten liegt ausnahmlos das Thema *kun-* der Präsensbildung zugrunde. —

Auch der zweite, von Cl. Huart angeführte Punkt, der Gebrauch der $\sqrt{vac}$ in den Norddialekten, von $\sqrt{gub}$ im Schriftpersischen stellt die ebenfalls ausschließlich $\sqrt{gub}$ verwendenden Farsdialekte in Gegensatz zu den nordwestiranischen Mundarten.

Ein drittes Moment lexikalischer Art ist darin zu sehen, daß für das Verbum „fallen" in den Norddialekten, einschließlich der kurdischen Sprache, Bildungen aus $\sqrt{kap}$, im Schriftpersischen und in den Farsdialekten nur Formen aus $\sqrt{pat}$ vorliegen. Eine ganz isoliert stehende Ausnahme macht hier der überhaupt merkwürdige Dialekt der Landschaft Lâristân, im südöstlichen Fars, in welchem ich *kätim* = افتادم hörte.

Es ist noch eine ganze Reihe charakteristischer Merkmale vorhanden, die die Norwestdialekte als eine zusammengehörige Gruppe erweisen, und den Südwestmundarten gegenüberstellen, wie z. B. die eigenartigen Personalendungen des Präsens, doch muß ich die Besprechung weiterer Punkte hier unterlassen, weil die Behandlung dieser Fragen ohne die von mir aus jenen Norddialekten gesammelten, noch nicht publizierten Materialien lückenhaft bleiben würde.

Soviel aber zeigen auch schon die obigen Ausführungen, daß die im westlichen Iran noch erhaltenen Dorfdialekte in zwei streng geschiedene Gruppen zerfallen, zu deren einer, der der

---

[1]) Daß das Schema *kärd* : *kun-* unter anderen das Muster für diese Neubildung abgegeben haben sollte, ist wegen der Verschiedenheit der Vokale an sich unwahrscheinlich. — Ich will hier eine Eigentümlichkeit des Zazadialektes von Siwerek, den ich im Juli 1906 studiert habe, erwähnen. Das *n* ist im Indicativus praesentis allgemein durchgeführt, der Konjunktiv wird dagegen aus dem alten Präsensthema gebildet:

kännân = میکنم *békärân* = بکنم

vinännân = میبینم *bévînân* = ببینم usw.

südlichen Mundarten, auch die persische Schriftsprache zu rechnen ist.

Daß die Übereinstimmungen der dörflichen Mundarten aus Fars mit der Schriftsprache nun etwa sämtlich nur dem gewaltigen Einflusse der doch sicher seit der Sassanidenzeit allgemein verbreiteten Verkehrs- und Hofsprache zuzuschreiben wären, daß also die Verkehrssprache gerade diesen Dialekten alle ihre Eigentümlichkeiten aufgezwungen hätte, dagegen spricht der Umstand, daß in wesentlichen Punkten die Dialekte ursprünglichere, z. B. dem uns bekannten Mittelpersisch eigene Formen im Gegensatz zur neupersischen Schriftsprache bewahrt und zum Teil in eigenartiger Weise selbständig weiter entwickelt haben.

So sind in den Farsdialekten noch heute an Stelle des schriftpersischen Präteritums transitiver Verba jene passivischen Konstruktionen, die wir aus Ansätzen in den altpersischen Keilinschriften und aus dem Mittelpersischen kennen, allgemein im Gebrauch, und nur ganz vereinzelt findet sich beim transitiven Präteritum die im Schriftpersischen durchgeführte Neubildung, die Anfügung der Personalendungen — oder, wenn man will, der enklitischen Formen der Kopula — an das Participium praeteriti. Auch Formen wie *avas* „er fiel", in welchem das mittelpersische *ôpastan* erhalten ist, *bênishûm* „daß wir sehen" zu $\sqrt{\textit{akhsh}}$, *mîboyän* „sie werfen" aus *apa*+$\sqrt{\textit{ah}}$[1]), sprechen für das Alter und die selbständige Entwicklung der Mundarten.

Daß hier und da durch die Vermittelung der zur Aufnahme fremder Dialektformen leichter geneigten Schriftsprache[2]) auch Worte in die persischen Mundarten eingedrungen sind, deren Lautform nicht dem postulierten Bilde entspricht, ist nicht weiter verwunderlich. Im allgemeinen aber ist die Abgeschlossenheit der kleinen Gebirgsdörfer in ganz Persien, wie auch besonders in der ja fast ganz im iranischen Randgebirge belegenen Provinz Fars, der Bewahrung und selbständigen Weiterentwicklung eigener Mundarten außerordentlich günstig. Be-

---

1) Nach Andreas, siehe meine „Skizze der Lurdialekte", S. 13.

2) Siehe auch Horn im GIPh. I, II S. 14.

sonders halten die Weiber, die ja noch viel seltener als die Männer aus ihrem Heimatdorfe herauskommen und noch viel weniger irgendwelchen Schulunterricht genießen, an ihrer alten Sprache fest. Man findet in solchen entlegenen Dörfern unter hundert Weibern kaum fünf, die selbst jargonmäßig gesprochenes Persisch verstehen. —

Die hier ausgeführte Spaltung in den modernen Mundarten des westlichen Irans hat, wie eine Vergleichung der beiden Dialekte der mitteliranischen Manichäertexte mit den soeben skizzierten neueren Volksmundarten zeigt, ihren direkten Vorgänger bereits auf dem Gebiete der mitteliranischen Sprachstufe. Die Lokalisierung der modernen „Norddialekte" gibt uns also das Recht, den zweiten, von dem bisher bekannten Pehlevi abweichenden Dialekt der manichäischen Fragmente dem Norden Irans zuzuweisen. Da nun aus der ältesten bekannten Stufe der iranischen Sprachentwicklung die Sprache des Awesta wenigstens in einigen recht markanten Zügen zu dem Sprachbilde stimmt, welches uns die „Norddialekte" des westlichen Iran aus zwei jüngeren Perioden zeigen, so wäre hieraus ein positiver Beweis für die Zugehörigkeit des Awestischen zum Nordwesten Irans gewonnen. Inwieweit das Awesta selbst eine weitere Dialektscheidung fordert, ob der Unterschied zwischen der Sprache der Gathas und der des jüngeren Awesta wirklich nur ein zeitlicher ist, das zu untersuchen gehört nicht zu unserer Aufgabe. —

Wir werden in Zukunft also nicht mehr von „den Dialekten Persiens" im Gegensatze zur persischen Schriftsprache reden können, sondern persische Mundarten nach Geigers Vorschlag (GIPh. I, II, S. 288) und nordwest-iranische zu unterscheiden haben.

Die aus den ersteren von mir gesammelten Materialien werden die hier vorliegende erste Abteilung der „Kurdisch-persischen Forschungen" bilden, die letzteren — inschallah — baldigst in der zweiten Abteilung der Publikation weiterer Forschung zugänglich gemacht werden.

II.

Übersicht über die in Fars zurzeit gesprochenen Sprachen und Dialekte.

Wie fast überall im vorderen Orient findet sich auch in der Provinz Fars eine Art babylonischen Sprachengewirres, in dem sich recht bezeichnend die wechselvollen Schicksale der von Völkerstürmen aller Art heimgesuchten Landschaft widerspiegeln.

A. In der Hauptstadt Schiras, wie auch in den sonstigen größeren städtischen Niederlassungen, z. B. in Kâzärûn, Fîrûzâbâd, dominiert im Volksmunde die persische Schriftsprache, natürlich in der Form eines durch den mündlichen Gebrauch abgeschliffenen Jargons. Proben dieses „Neupersisch“ hat Zhukovskij in seinen „Образцы персидскаго народнаго творчества“ in den von ihm in Schiras gesammelten Volksliedchen gegeben. Eine Vergleichung der Schiraser Verse mit den aus Isfahan und Teheran stammenden derselben Sammlung ergibt keinerlei bemerkenswerte Differenzen in der Behandlung der Schriftsprache.

Natürlich weist aber der Vokabelschatz dieser Sprache noch manches ältere, in der Buchsprache nicht vorkommende Wort auf, wie z. B. die häufigen Anführungen lokaler Worte in den persischen Ferhengen zeigen; einiges hat auch Houtum-Schindler in der Zeitschrift der Deutschen Morgenländischen Gesellschaft, Bd. XXXVIII Seite 43ff. aus den Städten Südpersiens, Schiras, Kâzärûn, Bûshähr, Kirmân, Jîruft, Rûdbâr u. a., gesammelt.

B. In einer beträchtlichen Anzahl meist von den größeren Verkehrswegen weitab gelegener Dörfer haben sich zweifellos alte Dialekte erhalten, die man in Fars selbst mit dem gemeinsamen Namen *Tâjîkî*[1]) bezeichnet. Diese Mundarten stehen der persischen Schriftsprache hinsichtlich der Behandlung der Laute völlig gleich, abgesehen natürlich von den Einwirkungen der natürlichen Sprachentwicklung wie Abschleifung, Erweichung und Auswerfung von Lauten, Vokalkürzungen und ähnlichem, gegen welche der schriftliche Gebrauch das „Hochpersische", die Literatursprache, geschützt hat. Die Tâjîk-Dialekte sind der Gegenstand der vorstehenden Studie; über ihre Verbreitung wird im folgenden Kapitel gehandelt werden.

C. Der Volksmund setzt das buntscheckige „Tâjîkî" in strikten Gegensatz zum „Lurî", der Sprache der in Fars zeltenden Lur-Stämme, der Mamassänî und der Kôhgälû. Eine kurze Skizzierung dieser Mundarten habe ich in den Sitzungsberichten der Berliner Akademie der Wissenschaften vom Jahre 1904 gegeben; die gesamten von mir in den Jahren 1902 und 1907 gesammelten Texte und Gesänge werde ich in der dritten Abteilung der „Kurdisch-persischen Forschungen" zum Abdruck bringen.

D. Ferner sind noch einige andere Mundarten iranischen Ursprunges in Fars anzutreffen. Zunächst bilden die beiden, kaum eine halbe Wegstunde voneinander entfernten Dörfer Kälûn und Abdû eine merkwürdige Sprachinsel inmitten eines ausgedehnten Gebietes von Tâjîkî-Mundarten. Die Sprache ist ohne jeden Zweifel rein kurdisch; einige Materialien zu diesem höchst interessanten Dialekt findet man im Anhange zu diesem Bande.

Ein weiterer kurdischer, oder besser Läkkî-Dialekt wird von einer Anzahl nomadischer Stämme gesprochen, die von Kärîm Khân Zänd in der zweiten Hälfte des achtzehnten Jahrhunderts als eine Art Leibgarde aus den südöstlichen

---

[1]) Ich gebrauche im folgenden diesen Namen auch für diese Farsdialekte, obwohl man sich gewöhnt hat, mit *Tâjîkî* den Jargon (nicht Dialekt!) der iranischen Bewohner Transkaspiens zu bezeichnen. Die in beiden Fällen zugrunde liegende Bedeutung des Wortes تاجیک ist klar: „die persisch sprechende bäuerliche, alteingesessene Bevölkerung" im Gegensatz besonders zu den Nomaden.

Teilen der Provinz Kirmânshâh nach Fars verpflanzt worden sind, und auch nach der Ausrottung der Zänd Dynastie nicht wieder in ihre alte Heimat zurückgekehrt sind. Der zahlreichste dieser Läkk-Stämme sind die Korûnî (Qur'ânî?). In Schiras findet man ein besonderes Stadtviertel von seßhaft gewordenen Angehörigen dieses Stammes bewohnt.

In Schiras sind ferner eine Anzahl von kurdischen Familien aus der Hauptstadt der persischen Provinz Kurdistan angesiedelt, meist Soldaten, welche etwa in den siebziger Jahren des vorigen Jahrhunderts der Prinz Färhâd-Mîrzâ Mu'tammäd-äd-douläh aus seinem früheren Wirkungskreise nach Fars mitgebracht hat, als er den Gouverneurposten in Schiras antrat.

Eine eigenartige Stellung nimmt das Dorf Sîvänd mit seiner zu den im vorigen Kapitel charakterisierten Norddialekten gehörenden Mundart ein. Über die Lage von Sîvänd, an der großen Straße Schiras-Isfahan, und über die Sprache der Bewohner sind wir durch die Arbeit eines Persers Mîrzâ Ḥusain Tährânî, die von Cl. Huart im Journal Asiatique (IX. sêr., tome I S. 241—265) herausgegeben ist, leidlich orientiert. Einiges weitere Material zum Sîvändî wird die zweite Abteilung der „Kurdisch-persischen Forschungen" bringen.

E. Von nichtiranischen Sprachen ist auch in Fars das Türkische weit verbreitet. Der Türk-Stamm der Kashghaî ist sehr zahlreich; in allen Teilen der Provinz trifft man auf die schwarzen Zelte dieser von den Bauern gefürchteten Nomaden. Zurzeit bevorzugen sie die Distrikte südlich, südöstlich und östlich von Schiras als Sommerquartiere. An einigen Punkten haben sich Kashghaî seßhaft gemacht, wie z. B. in dem Städtchen Dârâb, in dessen Gassen man fast nur türkisch sprechen hört. Ebenso in den vielen Dörfern der großen Ebene von Fîrûzâbâd[1]).

Einige Unterabteilungen des Stammes der Läshânî sprechen arabisch. Sie stammen wohl aus den Distrikten am Unterlaufe des Kârûn, in denen ja das Arabische seit alter Zeit heimisch

---

[1]) Über die Kashghaî und die arabischen Nomaden Südpersiens siehe auch Curzon, Persia II, Seite 112—114.

ist. Ich traf arabisch sprechende Läshânî im März 1902 in den Ruinen von Persepolis auf ihrem Zuge in die Sommerquartiere.

Bemerkt werden mag, daß das Arabische an der Küste des persischen Golfes jetzt bis auf wenige Reste ausgestorben ist. An seine Stelle scheint ein „Hindustani" genanntes Kauderwelsch getreten zu sein, das aber mit dem uns bekannten Urdu recht wenig zu tun hat. Es ist aus den nordindischen Hafenplätzen, wie Karratschi, durch den regen Schiffsverkehr nach Persien eingeschleppt worden und ist lediglich auf die Hafenstädte beschränkt.

III.

Die Tâjîkî-Mundarten.

Die im vorigen Kapitel unter B aufgeführten sogenannten Tâjîkî-Dialekte sind, wie oben ausgeführt worden ist, als die in Fars seit alter Zeit, zum mindesten seit der Achaemenidenepoche, heimischen Mundarten anzusehen. Es wäre nun von Wichtigkeit festzustellen, in welchen Distrikten der Provinz, und gegebenen Falles außerhalb der Grenzen der alten Persis sich solche Dialekte vorfinden. Leider ist dies außerordentlich schwer zu ermitteln. Die Perser sind, da ihnen jegliche sprachwissenschaftliche Bildung in unserem Sinne fehlt, als Gewährsmänner in diesen Fragen nicht zu brauchen. Dem Gebildeten erscheint jede von der Schriftsprache abweichende Form der Sprache hybrid und fehlerhaft. So kommt es, daß man in den vielen, in anderer Hinsicht wirklich ausgezeichneten Werken persischer Autoren über die Geographie usw. von Persien, speziell von Fars[1]), auch nicht die geringste Notiz über die gewiß auffallenden Eigentümlichkeiten in der Sprache mancher Gegenden findet. Der heutige Perser wird dem Reisenden auf die Frage, was

[1]) Z. B. in dem Fârsnâmäh des Ḥâjjî Mîrzâ Ḥasan Ḥusainî, und den Âṯâr ul-ʿajam des Mîrzâ Furṣat.

für eine Sprache z. B. in Sîvänd gesprochen wird, unbedenklich die Antwort geben „Lurî“[1]), und doch hat die Sprache der Luren nicht das geringste mit dem Sîvändî zu tun.

Autopsie kann in dieser Frage allein die richtige Antwort bringen. Da bisher nur F. C. Andreas[2]) dem Tâjîkî von Fars seine Aufmerksamkeit zugewendet hatte, so kann ich hier nur nach den Sammlungen dieses Gelehrten und nach meinen eigenen Arbeiten einige, leider eben wenig vollständige Angaben über diejenigen Örtlichkeiten machen, an welchen Andreas oder ich einheimische Mundarten gefunden haben. Ich beginne hierbei mit den Küstenebenen am persischen Golf und gehe landeinwärts. Ein bequemes Einteilungsmittel auf geographischer Grundlage geben die gerade in Fars ziemlich regelmäßig aufgebauten Terrassen der bekannten, die Hochebene von Iran begrenzenden Gebirgsfalten mit den zwischen je zwei Parallelketten sich dahinziehenden Longitudinaltälern.

Ganz nahe bei der Hafenstadt Bûshähr fand Andreas in Rîshähr, der alten Portugiesenfeste, einen Tâjîkdialekt. In Bûshähr selbst, sowie in den an der Heerstraße nach Schiras liegenden Ortschaften der Küstenebene, wie Borâzgûn, Dâlikî, und in den Dörfern Ahmädî, Cäghâdäk und anderen kleinen Weilern, fand ich nur das Schriftpersische vor.

Südlich einer von Bûshähr aus in genau östlicher Richtung zu denkenden Linie liegt der Distrikt Tängistân[3]), zu dem auch das eben erwähnte Rîshähr gehört. Die Bewohner von Tängistân sprechen ebenfalls Tâjîkî, wie ich aus dem Munde einiger

---

[1]) So der Gewährsmann Lord Curzons (Persia II, S. 90).

[2]) Über Zhukovskijs Sammlungen siehe oben.

[3]) Was europäische Reisende unter „Tengistan“ gern verstanden wissen möchten (siehe Curzon, Persia II, S. 206), deckt sich leider durchaus nicht mit dem, was die Perser mit „Tängistân“ bezeichnen, wie folgender Auszug aus dem oben erwähnten Fârsnâmäh zeigt: „Der Distrikt Tängistân, eine Unterabteilung des Bulûk Däshtistân, liegt südöstlich von Bûshähr. Seine Länge von Cäghâdäk (Haussknechts Karte: Tschakutak) bis nach Khurshihâb beträgt elf, seine Breite etwas mehr als zwei Farsakh. Er wird begrenzt im Osten von den Distrikten Ahrom und Hormuj, im Norden vom Distrikt Borâzgûn, im Westen und Süden vom Meere“. Also Tengistan, „das Land der Pässe“ könnte füglich von unseren Karten verschwinden.

Tängistânîs in Bûshähr feststellen konnte. Zu längerem Arbeiten waren die Leute leider nicht zu haben.

Eine ganze Reihe von Dörfern, in welchen Tâjîkî-Mundarten heimisch sind, findet sich in dem unter dem Namen Däsht-e-bärm bekannten Longitudinaltale. Die Karte Hausskncchts ist in diesem Teile völlig unzulänglich. Zwischen der die langgestreckte Ebene von Kâzärûn nordöstlich begrenzenden Bergkette, die die Karawanenstraße im Kutäl-e-dukhtär zu ersteigen hat, und der nächsten Synklinale, welche im Kotäl-e-pîräzän überschritten wird, zieht sich vom nördlichen Ausgange des Täng-e-cäkûn, in dem der Fluß von Shâpûr die erstgenannte Bergkette durchbricht, in südöstlicher Richtung ein ziemlich breites, mit spärlichem Eichwald bestandenes Tal hin, das in seiner ganzen Ausdehnung „Däsht-e-bärm" genannt wird. Der offizielle Name dieses Distriktes (ناحیه) ist „Kûhmärrä-ye-pusht-e-kûh", der Hauptort ist Nôdûn[1]) oder, wie Haussknecht hat, Noudan. Etwa zwei Farsakh, im Karawanentempo also drei gute Stunden, nördlich von Nôdûn liegt in einer kleinen Schlucht das Dörfchen Somghûn (سمغان). Hier fand ich einen der Tâjîkî-Dialekte, während die Bevölkerung des ansehnlichen Dorfes Nôdûn sich größtenteils des Lurî bediente. Ich nahm mir zwei leidlich intelligente Bauern von Somghûn mit nach Kâzärûn, um mit ihnen dort zu arbeiten. Von ihnen stammen die unten gegebenen Materialien. Die Geschichten erzählte mir der eine von ihnen, Mullâ Ṭahmâs, der Ortsschulze (کتخدا) des Dörfchens, während die grammatischen und lexikalischen Fragen von beiden beantwortet werden mußten, ehe ich ans Niederschreiben ging.

Weiterhin hörte ich in dem von Nôdûn etwa fünf Wegstunden südöstlich gelegenen Dörfchen Gôukushäk, in dem ich einige Stunden rastete, einen dem Somghûnî sehr nahe stehenden

[1]) Nôdûn liegt auf Haussknechts Karte viel zu weit nördlich. Meine Karawane zog von Nôdûn durch das Täng-e-cäkûn bis zu den Ruinen der Stadt Shâpûr in drei Stunden, während dieselbe Karawane an einem der folgenden Tage in demselben Marschtempo bis Kâzärûn 4 ½ Stunde brauchte. Beide Wege haben keinerlei Terrainschwierigkeiten.

Tâjîk-Dialekt. Gôukushäk liegt am Fuße des Käl-e-dirbäk, eines Passes, der von Däsht-e-ärzhän aus in zunächst nordwestlicher, dann westlicher Richtung über die das Däsht-e-bärm nordöstlich begrenzende Synklinale hinüberführt.

Etwa zwei Wegstunden westlich von Gôukushäk am Fuße der südwestlichen Kette liegt das Dorf Pḁ̊pûn, von dessen Mundart ich von einem nach Kâzärûn gekommenen Bauern die wenigen unten abgedruckten Proben erhielt.

Die kurdische Sprachinsel Kälûn-Abdû im Däsht-e-bärm ist oben schon erwähnt.

Östlich vom Kutäl-e-pîräzän, nach dem Fârsnâmäh fünf Farsakh genau östlich von Kâzärûn, an dem westlichen Abhange des gewaltigen, „Kûh-e-märväk“ genannten Bergstockes fand ich in dem aus mehreren kleineren Niederlassungen bestehenden Bûriñgûn eine weitere Tâjîk-Mundart, in der ich aus dem Munde eines alten recht intelligenten Bauern im Februar 1907 in Schiras die unten wiedergegebenen Erzählungen aufzeichnen konnte. —

Die am Nordostabhange des eben erwähnten Bergmassives liegenden Dörfer des Distriktes Kûhmärrä-ye-shikäft weisen ebenfalls einen Tâjîkdialekt auf, von dem ich als Probe einiges aus dem Dorfe Mâsärm stammende Material geben kann. Es ist aufgezeichnet im Dezember 1901 in Schiras nach den Angaben des Dorfvorstehers von Mâsärm ʿAbbâs-ʿAlî. Der noch recht junge Mann konnte leider lesen und schreiben. So wird es sich erklären, daß in den nach meinem persischen Diktat von ihm übersetzten Stücken das Schriftpersische stark durchklingt.

Aus den Distrikten nordwestlich von Schiras hat Andreas in Ardäkân (s. Haussknechts Karte), Kälât und dem seines Weines wegen berühmten Dorfe Khullâr, nach dem Fârsnâmäh neun Farsakh nordwestlich von Schiras, Sammlungen grammatischer Formen und einiger Vokabeln aus den dort gesprochenen Tâjîk-Mundarten angelegt. In diesen, jetzt hauptsächlich von Mamassänî- und Kôhgälû-Luren bewohnten Gegenden scheinen sich die bäuerlichen Dialekte nur immer in einzelnen, zum Teil weit auseinander liegenden Dörfern erhalten zu haben.

Merkwürdigerweise ist nach meinen Ermittelungen leider in denjenigen Teilen der Provinz, die wir als den Ausgangspunkt der Sassaniden anzusehen haben, in der Ebene von Märvdäsht, oder weiter östlich von Schiras bis nach Dârâb, und südlich bis Fîrûzâbâd hin, kein eigentümlicher Tâjîk-Dialekt zu finden. Meist wird dort das Türkische der Kashghaî, auch in Dörfern und Städten, neben dem Schriftpersischen gesprochen.

Ganz eigenartig sind die Dialekte der Landschaft Lâristân, des Hinterlandes der beiden Hafenstädte Lingah und Bändär Abbâs. Leider liegen von ihnen nur sehr wenige Proben vor. Andreas hat einige grammatische Formen und kurze Sätzchen im Dialekt von Gärrâsh, Bänârû und Bästäk aufgezeichnet, und ich selbst habe im Frühjahr 1907 einige Sätze im Gärrâshî, sowie eine Fabel in der Mundart der Stadt Lâr, erstere in Schiras, letztere in Dârâb notieren können. Nach Lâristân selber zu gehen, verbot sich wegen der damals schon stark betriebenen „Verfassungsbewegung“.

Soviel ist aber auch aus den vorhandenen Materialien zu ersehen, daß diese Mundarten in bezug auf Lautbehandlung vom Schriftpersischen und den Tâjîkî-Dialekten nicht abweichen. —

Zum Schlusse noch einige Worte zu den im folgenden gegebenen Materialien.

Es ist nicht viel, was ich hier bieten kann. Das liegt zum Teil daran, daß ich meine erste Expedition im Dezember 1901 in der Provinz Fars begann, also noch recht wenig geübt war im Abfragen und Aufzeichnen und auch im mündlichen Gebrauche der Schriftsprache damals noch nicht so fest war, daß ich mich des den Leuten aus dem Volke bekannten Jargons mit Leichtigkeit hätte bedienen können. Zum andern aber liegt die Mangelhaftigkeit der Materialien auch an den Leuten selbst. Die Bauern waren nur in Ausnahmefällen, etwa wie der Bûriñgûnî imstande, selbständig Geschichten zu erzählen. So mußte ich mich darauf beschränken, ihnen grammatische Fragen vorzulegen, Konjugationsparadigmen abzufragen und ein Vokabular anzulegen. Auch las ich ihnen einige kurze

Anekdoten, meist die aus F. Rosens „Modern persian colloquial grammar“, vor und ließ sie Satz für Satz in die heimische Mundart übersetzen. Diese Methode des Abfragens kann aber höchstens zur Einführung in das Studium einer unbekannten Mundart dienen. Das wichtigste Material wird der Forscher erst dann zusammenbringen, wenn sein Gewährsmann mit eigenen Worten erzählt, wie eben der Alte aus Bûriñgûn. Der hatte natürlich die Geschichten auch nicht aus seinem eigenen Kopfe, sondern hat sie sich sicher von irgendeinem Mullâ seiner Bekanntschaft aus irgendeinem Anekdotenbuche vorlesen lassen und sie mir dann am folgenden Tage in seinem Dialekte diktiert. Daß bei dieser Art der Nacherzählung schon ein beträchtliches Stück von dem Persischen des Vorgelesenen verloren geht, und so das Ganze viel mehr das Kolorit des Dialektes annimmt, als bei unmittelbarer Übersetzung, liegt auf der Hand.

Eine wörtliche Übersetzung hat z. B. der Mâsärmî gegeben. Die vier Stücke enthalten sicher manche Worte und Wendungen, die ein gewöhnlicher Bauer aus Mâsärm nicht verstehen, und die er aus sich heraus anders ausgedrückt haben würde.

So geringfügig nun auch — zu meinem eigenen größten Bedauern — die von mir zusammengebrachten Materialien sind, so ergibt sich doch aus ihnen ein, wie ich hoffe, leidlich klares Bild von dem lautlichen Charakter und dem grammatischen Bau der Tâjîkî-Dialekte.

Ich habe die von den einzelnen Gewährsmännern gegebenen Phrasen, Konjugationsparadigmen usw. zu einer systematischen Darstellung zusammen zu arbeiten versucht, wobei natürlich auch alle aus den Textstücken sich ergebenden Formen mit verwertet worden sind. Sodann gebe ich die mir diktierten Texte mit einigen sprachlichen und sachlichen Erläuterungen. Nicht berücksichtigt ist im allgemeinen in der grammatischen Skizze das Lârî, weil die vorhandenen Materialien zu gering sind, als daß sich aus ihnen über mehr, als über die Zugehörigkeit zu den Tâjîkî-Dialekten urteilen ließe. Ebenso mußte das Abdûî aus der Betrachtung ausscheiden und in einem Anhange gesondert besprochen werden, weil es sich auf den ersten Blick als ein rein kurdischer Dialekt erweist.

Sehr viel mehr wichtiges Sprachmaterial würde wohl ein eingehendes Studium des Vokabelschatzes der einzelnen Dialekte zutage fördern. Aber den hier noch zu hebenden Schätzen ist durch ein bloßes Abfragen aller möglichen Worte nicht beizukommen. Dazu würde ein monatelanges enges Zusammenleben mit den Dörflern gehören, ein unausgesetztes Beobachten der Leute in ihren Gesprächen; und eine Vorbedingung für diese Forscherarbeit wäre der freie Gebrauch des betreffenden Dialektes seitens des Forschers. Zu einem solchen Aufwand von Zeit aber wird sich der Reisende, dessen doch auch noch andere Aufgaben harren, nur schwer entschließen können. Hier müßte die Wissenschaft durch die tätige Hilfe von gebildeten Europäern und Persern unterstützt werden, die etwa von Berufs wegen zu stetigem Aufenthalte in solchen sprachlich unerforschten Gegenden zu leben gezwungen sind. Die Anlegung von Wörterverzeichnissen in der oben angedeuteten Weise würde genügen; um den grammatischen Bau des Dialektes festzustellen, bedarf es schon einiger sprachwissenschaftlichen Schulung.

ZUR GRAMMATIK

Lautbestand.

A. Vokale.

1. Kurze:

   a, ä, a̤, ḁ, e, i, u, o.

2. Lange:

   â, ḁ̂, ê, î, ü̂, û, ô.

3. Diphthonge:

   äî, ôu.

Bemerkungen.

a, ä, a̤. Die Aussprache des kurzen *a*-Vokals ist häufigen Schwankungen unterworfen; bald ist reines *a* zu hören, bald *ä*. In denjenigen Silben, in denen unter denselben Tonverhältnissen von demselben Individuum bald *a*, bald *ä* gesprochen wurde, habe ich *a̤* transskribiert, siehe auch Kurd.-Persische Forschungen IV, III, 1 Seite XLI.

ḁ bezeichnet ein getrübtes, nach *o* hinklingendes *a*.

e bezeichnet einen unbestimmten, dem hebräischen Sh^e^wa entsprechenden Vokal, der meist, in Präfixen, Präpositionen vorkommend, in der Aussprache dem Vokal der folgenden Silbe angeähnelt erscheint.

â wird fast durchgängig sehr dunkel ausgesprochen, wie *ḁ̂*. Nur die doch gelegentlich gehörte ziemlich klare Aussprache als reines *â* hat mich veranlaßt, in manchen Wörtern das *â* nicht durch *ḁ̂* zu ersetzen.

B. Konsonanten.

Die Wiedergabe der Konsonanten veranschaulicht das folgende Transskriptions-Schema:

ا	' (spir. lenis) nur im Inlaute bezeichnet
ب	*b*
پ	*p*
ت	*t*
ج	*j*
چ	*c*
خ	*kh*
د	*d*
ر	*r*
ز	*z*
ژ	*zh*
س	*s*
ش	*sh*
غ	*gh*
ف	*f*
ق	*q*
ک	*k*
گ	*g*
ل	*l*
م	*m*
ن	*n*
و	*v*
ه	*h*
ی	*y*

Dazu noch die dentale tönende Spirans δ.

Die arabischen Laute:

ع gesprochen wie ا, wiedergegeben durch ' (spir. lenis),
ث ص „ „ س „ „ *s*
ذ ض ظ „ „ ز „ „ *z*
ط „ „ ت „ „ *t*.

ḥ ist verwendet, um anzuzeigen, daß in Lautgruppen z. B. in *sḥ*, *zḥ*, nicht *sch*, *zh*, sondern getrennt *s-h*, *z-h* zu sprechen ist, wie in arab. اظهار = *izḥâr*.

Bemerkungen.

Die Aussprache der einzelnen Konsonanten ist dieselbe, wie in der persischen Schriftsprache.

gh ist wie gutturales *r* zu sprechen.

Das arabische *q* wird häufig wie *k* gesprochen, z. B. S. *bâkär* = باقر.

Meist aber, wie auch im mündlichen Gebrauche der Schriftsprache, wird es bald als *gh*, bald als stark gutturales *g* gehört.

v ist nicht interlabial, sondern labio-dental.

Lautwandel.

Diejenigen Formen, welche die altiranischen Laute in den Tâjîk-Mundarten angenommen haben, sind, wie oben in der Einleitung gezeigt, im wesentlichen dieselben, welche in der neupersischen Schriftsprache vorliegen. Demgemäß sind in der folgenden Skizze die bekannten Lautverhältnisse der Schriftsprache als Ausgangspunkte angenommen, und lediglich die in den Dialekten vorkommenden Abweichungen festgestellt worden. Inwieweit solche Abweichungen ältere Lautformen, als sie die Schriftsprache aufweist, darstellen oder ob in ihnen nur organische Weiterbildungen der in der Schriftsprache vorliegenden Laute zu erblicken sind, ist in den einzelnen Fällen angedeutet.

A. Vokale.

I. Hinsichtlich der kurzen Vokale fällt eine auch an anderen Stellen des iranischen Sprachgebietes in den Dialekten beobachtete Unbestimmtheit des Vokalismus auf[1]). So liegen z. B. vor die drei Vokalisationen *kulạng, kuling, kulung* „Kranich" im Bûriñgûnî, von demselben Manne im Verlaufe von kaum zwei Minuten ausgesprochen. Ebenderselbe sagt einmal *shimâ,* ein anderes Mal *shämâ,* für schriftpers. شما „ihr". *hän* und *hin* (= schriftpers. هست) wechseln fortwährend, ebenso *äsh, ish, ush* (Pron. pers. suff. III.)

Im allgemeinen ist eine Vorliebe für den kurzen *i*-Vokal zu bemerken. Es liegt vor:

1. Dial. *i* an Stelle von schriftpers. *ä* in

S. *dis* = دست; daneben auch: *däs.*
S. *sir* = سر; daneben: *sär.*
S. *yä shivî* = یك شبی.
S. *zisâ* = زده بود; daneben *zä* und *zäsâ.*
M. *cish* = schriftpers. چشم.
S. M. P. *kirda* = schriftpers. كرده
B. *ghushin* = schriftpers. قوشون, meist *qushän* gesprochen.
B. *gishtûm* = گشتیم.
S. *kishî* = كشید.

Die Negation vor dem Verb ist meist *ni,* im M. S. B.

In M. *mird*„ Mann" kann i-Umlaut, apers. *martiya,* vorliegen.

---

[1]) Geiger im GIPh. I, II Seite 348—349.

Im B. hat die 3. sg. praes. die Endung *-i*, gegen schriftp. *-ad*. Z. B.: *mî'aräshi* = میفروشد; ebenso im plur. *bekhorin* = بخورند. Die übrigen Dialekte haben teils *i*, teils *ä*.

Die oben erwähnte Handschrift der Ghazaliyyât des Shäms-i-Nâṣir schreibt die 3. sg. praes. mit Kesra:

زایِت = schriftpers. زاید

آورِت = „ آورد

Auch هِم = „ ام „ich bin".

Das *i* scheint die den Dialekten eigentümliche Aussprache zu sein; die daneben vorkommenden Formen mit *ä* sind wohl der Schriftsprache entnommen.

2. Dial. *i* für pers. *u* in:

S. *dishmûn* = schriftpers. دشنام

B. *shimâ* = „ شما

S. *timän* = „ تومان

B. *girâz* = „ گراز

B. *siläîmûn* = „ سليمان

In einigen Fällen liegt auch die zu supponierende Übergangsstufe dieses Lautwandels, *ü* für pers. *u*, vor:

S. *tül* = schriftpers. تل

S. *dü* = „ دو

Das entspricht dem weiter unten zu besprechenden Übergang von *û* durch *ü̂* zu *î*.

3. Dial. *ä* gegenüber schriftp. *u*.

Fast nur in Worten, in denen das schriftp. *u* nach خو sekundär entstanden ist, oder wo sonst *u* durch eine benachbarte Labialis hervorgerufen erscheint.

S. *ish-khärsâ* = schriftpers. خورده بود

M. *mim-khärd* = „ خوردم

B. *khatän* = „ خفتن

B. *khäsh* = „ خوش

B. *mîavδi* = „ میافتد

4. Dial. *u (o)* gegenüber schriftpers. *i* in:

S. *dâkhul* = schriftpers. داخل (wird auch sonst im pers. Jargon mit *u* gesprochen),

B. *omrûz* = „ امروز

5. Dial. *o, u* gegenüber schriftpers. *a, ä,* vor Nasalen. Z. B. in der Endung der 1. sg. praes. *kunom* gegen کنم, Bûr. *ruz* „der Weinstock" = schriftpers. رز

II. Lange Vokale.

1. Dial. *û* gegen schriftpers. *â*, vor Nasalen, wo ja auch im mündlichen Gebrauche der Schriftsprache der als *â* geschriebene Vokal im ganzen Gebiete des Persischen *û* gesprochen wird.

S. *nûm* = schriftpers. نام
S. *jûnävär* = „ جانور usw.

Über die Fälle, in denen die Dialekte den ursprünglichen *â*-Vokal vor Nasalen zu *ä* verkürzt haben, gegenüber dem schriftpers. *û* siehe weiter unten.

2. Dial. *û, î* gegen schriftpers. *û*.

S. *pûl* = schriftpers. پول
S. *tûlä* = „ توله
S. *dûd* = „ دود
S. *khûn* = „ خون
S. *rû* = „ رو
S. *dûr* = „ دور
S. *kûcä* = „ کوچه
S. *a tû* = „ به تو „hinein, in",
S. *a rî* = „ به رو „auf",
P. M. B. *pîl* = „ پول
M. *shî* = „ شوهر
M. *arîs* = „ عروس
B. *bîδin* = „ بودند
S. M. B. *bî* = „ بود
B. *'kâzärîn* = „ کازرون
B. *khîn* = „ خون
M. *tît* = „ طوط

M. *sîlâkh* = „ سوراخ
M. *bärî* = „ بلوط u. a.
S. *mîjîräm,* daneben: *mîjûräm* = schriftpers. ميجويم

III. Vokalkürzungen.

1. Dial. *ä* gegen schriftpers. *â*

S. *ba̤* = schriftpers. با
S. *rä* = „ راه
S. *mîshina̤sâî* = „ ميشناسى

M. *unjä* = „ آنجا
M. *dänis* = „ دانست
B. *béδän* = „ بدان
S. *bälâ* = „ بالا

In den Kausativ-Bildungen des Verbums tritt in den Formen des Präsensstammes in den Dialekten *ä* an Stelle des schriftpers. *â* auf, während das Präteritum das der Schriftsprache entsprechende *ûn (ôn)* aufweist:

B. *mîrimänom* „ich werfe“ — *rimûn* „geworfen“,
B. *mîjimäni* = schriftpers. ميجنباند
M. *mîbirshänom* „ich brate“ — *birshôn(t)* „gebraten“
M. *búkhôsän* = schriftpers. بخوابان — *khôsund* = خوابانيد

Da der Übergang von *â* in *û* vor Nasalen schon alt ist, so scheinen hier die Dialekte ältere Formen bewahrt zu haben, als die Schriftsprache. Es sieht fast aus, als ob eine Art Abaut in dem Verhältnis von *ä* zu *â* (*û*) erhalten wäre.

2. Dial. *i* gegen schriftpers. *î*

S. P. *rikht* = schriftpers. ريخت
S. *bishtär* = „ بيشتر
S. *mîmiräm* = „ ميميرم
M. *bebin* = „ ببين
M. *bikht* = „ بيخت
B. *ciδa* = „ چيده
B. *räsiδûm* = „ رسيديم
B. *bebinom* = „ ببينم
S. *didä* = „ ديده

3. Dial. *u* gegen schriftpers. *û*

M. *dukht* = schriftpers. دوخت
M. *budûm* = „ بوديم
B. *suhtä* = „ سوخته

4. In einzelnen Fällen liegt neben der Verkürzung noch eine Änderung der Qualität des Vokals vor:

M. *mîbanom* = schriftpers. ميبينم
B. *biδin* = „ بوديد

B. Die Halbvokale.

Schriftpersisch *y* und *v*.

Im allgemeinen zeigen die Dialekte keine Abweichungen von der Schriftsprache. Anlautendes und inlautendes *y* und *v* der verschiedensten Provenienz (s. Horn im GIPh. I. II, S. 42—51) finden sich in den Tâjîk-Mundarten an denselben Stellen, wie im Schriftpersischen.

Nur in wenigen Fällen erscheinen die Halbvokale in den Dialekten elidiert, wo sie in der Schriftsprache erhalten sind:

y: S. *vilât* = schriftpers. ولايت
S. *mîgäm* = „ ميكويم
M. *mîgom* = „ „
(daneben B. *mîguyom*).

v: Ardäkânî (Andreas) *märäm* = schriftpers. مياورم cf. ميارم.

S. *mîjûräm, mîjîräm* zu جستن „suchen“ zeigt wohl keinen Lautübergang (*y* in *r*), sondern wird auf Analogiebildung beruhen, wie jüd.-pers. *jûrishn* „das Suchen“, cf. Horn im GIPh. I. II, S. 138 § 79.

C. Konsonanten.

I. Die Liquidae.

Schriftpersisch *r* und *l*.

1. In den Dialekten zeigt *r* eine starke Tendenz zur Verflüchtigung gegenüber der Schriftsprache.

a) Im Auslaut:

S. *khîâ* = schriftpers. خيار
S. *bîä* = „ بكير
S. M. *dîyä, dîä* = „ ديكر

B. *bägî* = „ بگیر
Ard. (Andreas) *begî* = „ „
B. *bévą* = „ ببر
B. *ägä* = „ اگر

Vgl. اغه in den Dialektgedichten bei Browne im JRAS. 1895 S. 779.

b) Inlautend:

S. M. B. *gushnä* = schriftpers. گرسنه
S. *begî* = „ بگیرد
B. *mîgî* = „ میگیرد

Auch in den Gedichten des Shäms-i-Nâṣir erscheint das Präsens von گرفتن ohne *r*:

تا کی دل مو دامن تو بی‌وفا بگیئت

„Wie lange wird mein Herz nach deinem, der Treulosen, Gewandsaum haschen?“;

und: و جان تو کنه مان دل نگیئت کس جی تو

„Bei deinem Leben, daß in dem Hause meines Herzens niemand deinen Platz einnehmen wird!“

2. Gegenüber schriftpers. *r* haben die Dialekte gelegentlich *l*, besonders nach langen Vokalen:

S. P. B. *shikâl* gegen شکار
S. *bukâl* „säe“, „ بکار von کاشتن
B. *zählä* „ زهره

Gelegentlich auch dial. *r* gegen schriftpers. *l*:

B. *tûrä* = schriftpers. توله

3. Unorganisches *r* zeigt S. *burshu*, neben *bushu*, „gehe“ (imper.). Vielleicht auch S. *khurt* für schriftpers. خود (Erz. XII); doch ist diese Erklärung der Stelle nicht sicher.

4. Die Lautgruppe *rd* im Auslaut (von Partizipien) ist abgefallen:

S. M. B. *bu* = schriftpers. برد
S. M. B. *ki* = „ کرد
S. M. B. *âvu* = „ آورد

II. Die Nasalen.

In den Dialekten zeigt sich häufig Schwund des in der Schriftsprache erhaltenen Nasals im Auslaute:

S. *shû* = schriftpers. شان (pron. suff. III. plur.)
S. *mû* = „ مان (pron. suff. I. plur)
S. *zämisû* = „ زمستان
S. M. *hämî* = „ همین
S. M. *hämû* = „ همان
B. *kvû* = „ کون
M. *cish* = „ چشم

III. Die Gutturalen.

Schriftpersisch *k, g, kh, gh, khv.*

1. Gegenüber schriftpers. *k* zeigen die Dialekte Schwund des Guttural; im Auslaut:

S. M. B. *yä* = schriftpers. یك

Inlautend, wohl durch die Mittelstufen *g* > *y*:

B. *bânom* = schriftpers. بکنم

vgl. Khullârî (Andreas) *mäknem*, *mänäm* = schriftpers. میکنم
Ardäkânî (Andreas) *mêinäm* = میکنم
bóinäm = بکنم

2. An Stelle von schriftpers. *g* haben die Dialekte bisweilen *y*, im Inlaute zwischen zwei Vokalen:

S. M. *dîyä*, *dîä* = schriftpers. دیگر

und in der Pluralendung *-gäl*, die häufig auch als *-yäl* erscheint.

Im Anlaute hat Shäms-i-Nâṣir stets *yuzärit* usw. für schriftpers. گذرد, z. B. in dem Verse:

عمرم اِ عمر مو وی تو انه غم می یذرت
جه بدی غت بدنستی که جه وم می یذرت

„Mein Leben, o mein Leben, fließt ohne dich in Kummer dahin";
„Was wärest du, wenn du wüßtest, was mir zustößt."

Vgl. auch بیذشت in dem Gedichte des Saʿdî bei Browne (JRAS. 1895, S. 796 Vers 6) = بگذشت

Inlautendes *y* (= schriftpers. *g*) ist geschwunden in:

S. *är* = pers. اگر

3. Dem schriftpers. *kh* steht gelegentlich *h* der Dialekte gegenüber:

B. *rihta* = schriftpers. ریخته

Oft ist dann das *h* ganz geschwunden, der vorangehende Vokal ist meist gedehnt:

M. *dôt* = schriftpers. دختر

4. Intervokalisches *gh* des Schriftpersischen erscheint ausgeworfen in B. *lär* = schriftpers. لاغر

In B. *murväk* liegt die Fortsetzung des mittelpers. *murv* vor, siehe Horn im GIPh. I, II, S. 50.

5. In der Lautgruppe *khv* haben die Dialekte das *v* ausgestoßen, ohne den folgenden Vokal, wie das Schriftpersische in den meisten Fällen tut, in *u* zu wandeln:

B. *khârda* = schriftpers. خورده
S. *khä* = „ خورد
M. *khärd* = „ خورد
B. *khäsh* = „ خوش

Nur in *kho(m)* = schriftpers. خود(م) liegt der Vokalwandel vor.

IV. Die Palatalen *c* und *j*.

Wie im Schriftpersischen; von der in den Dialektgedichten bei Browne, und ebenso bei Shäms-i-Nâṣir vorkommenden Ersetzung von ج durch *z* habe ich in den Volksdialekten nichts bemerkt.

V. Die Labialen.

Schriftpersisch *p*, *b*, *f*.

1. Vereinzelt zeigt B. *fôiz* „Herbst“ *f* gegenüber *p* der Schriftsprache.

2. Gegenüber schriftpersischem *b* im Anlaute haben die Dialekte *v* in den Fällen, in denen der Laut auf älteres inlautendes *p* zurückgeht.

S. M. B. *vâ* = schriftpers. باز, mittelpers. *apac*
S. *vir* = „ بر, altpers. *upariy*.

Im Ardäkânî (Andreas) und in der Mundart von Gôukushäk entspricht schriftpersischem *b* (aus älterem *v*) im Inlaut zwischen Vokalen *v*; im Anlaut haben diese Dialekte *b*, ebenso in der Stellung zwischen Konsonant und Vokal.

Ard. *mîvänäm, mîvänä, mîvîn(t)* usw.
„ich sehe, du siehst, er sieht" . . .
aber: *nîmbänän* „sie sehen nicht";
und: *mîvâfäm* „ich webe",
aber: *mo kärbâsom bâft* „ich webte Zeug."

Inlautend *v* an Stelle von schriftpers. *b*:
S. B. *rûvâ* = schriftpers. روباه
S. *shivî* = „ شبی

Dieses *v* erscheint ausgeworfen, als Spiritus lenis, in:
S. B. *zä'ûn* = schriftpers. زبان

Auslautendes *b* erscheint abgeworfen in:
S. *tä* = schriftpers. تب „Fieber",
B. *cû cû'î* = „ چوب چوبی.

Mit Wandlung des vorangehenden *a*-Vokals in *ô* ist auslautendes *b* in *v*, und dann in *u* übergegangen:
B. *kutôu* = schriftpers. کتاب
S. M. B. *shôu* = „ شب
S. M. B. *lôu* = „ لب
S. M. B. *ôu* = „ آب

Vereinzelt ist: S. *nisbe shêu* = schriftpers. نصف شب

3. Gegenüber schriftpers. *f* im Silbenauslaut nach einem Vokal haben die Dialekte (und auch fast allgemein das gesprochene Schriftpersisch) den Diphthong:
z. B. M. *ausâr* = schriftpers. افسار

Die Lautgruppe *fr* im Anlaut wirft das *f* aus:
S. *ê'erisî* = schriftpers. فرستید, فرستاد
S. *mê'erisäm* = „ میفرستم
S. *mê'ershäm* = „ میفروشم
S. *ôurut* = „ فروخت
B. *mî'aräshi* = „ میفروشد

Aber: S. *färmî*, M. *färmû* = schriftpers. فرمود

Ebenso steht schriftpersischem *ft* in den meisten Dialekten *t* gegenüber, also Schwund des *f*:

B. *khḁtî* = schriftpers. خوابید
M. *khätän* = „ خوابیده است
P. *mîkhâtûmî* = „ میخوابیم
dagegen S. *khaftî* = „ خوابید.

In diesen Formen liegt das ältere خُفتن, mittelpers. *khᵛaftan* vor.

Ferner: S. *giri* = schriftpers. گرفت
M. *girit* = „ „
B. *girit* = „ „

Daneben B. *girûta*, mit Wandlung des Vokals unter dem Einfluß des Labiales.

S. M. B. *gu(t)* = schriftpers. گفت

VI. Die Dentalen.

Schriftpersisch *t* und *d*.

1. Der schriftpersischen Lautgruppe *st* steht in den Dialekten *s* (aus *ss*) gegenüber:

S. *shûlisûn* = schriftpers. شولستان
S. *khäsä* = „ خسته
M. *shikäsä* = „ شکسته
M. *häsom* = „ هستم
B. *häsḁm* = „ „
S. *vḁi mîsäm* = „ می ایستم
M. *vêi mîsom* = „ „

(aber B. *vḁ îstâðin* = ایستادند)

2. Inlautendes *d* erscheint ausgeworfen:

S. *näzîk* = schriftpers. نزدیک
S. *khomû* = „ خودمان
S. M. B. *khush* = „ خودش
S. *vḁ-mbänäm* = „ میبندم
S. *mursä* für **murd-sä* = „ مرده

3. Auslautendes *t* ist abgeworfen in:

S. M. *dûs* = schriftpers. دوست
S. M. *däs, dis* = „ دست
S. *shikäs* = „ شکست
S. *divîs* = „ دویست
S. *mäs* = „ مست

S. M. *pûs* = „ پوست
M. *dänis* = „ دانست
B. *râs* = „ راست
S. M. *shäs* = „ نشست
S. *häf* = „ هفت

Erhalten ist das *t* dagegen nach *kh* (*h*) und *sh*:

S. M. B. *rikht*, *riht* = schriftpers. ریخت
ebenso *dukht*, *bikht* = „ دوخت بیخت
S. M. B. *dôt* = „ دختر
M. *om·lisht* = „ گذاشتم
S. *ish-nẫ alisht* = „ نگذاشت
B. *ish-nähêsht* = „ „
ish-nâlêsht = „ „

4. Auslautendes *d* ist abgeworfen:

S. *kho* = schriftpers. خود
S. B. *duz* = „ دزد
P. *rû* = „ رود
M. *cän* = „ چند

Ferner in allen Präteritis, die im Schriftpersischen auf *-îd* auslauten: S. M. *duzî* = schriftpers. دزدید
S. *kishî* = „ کشید
S. M. B. *dî* = „ دید usw.

Ebenso in der 2. plur. des Verbums:

S. *mîgî* = schriftpers. میگویید usw.

Das ab und zu im Bûriñgûnî erhaltene *-ît* scheint dem Einflusse der Schriftsprache zuzuschreiben zu sein.

Auch die Endung der 3. sing. hat den Dental verloren: B. *mîâri* = schriftpers. میآورد usw.

Über Formen, in denen der Dental erhalten ist, siehe weiter unten, wo über die Personalendungen gehandelt wird.

5. Älteres *t* gegenüber *d* des Schriftpersischen ist merkwürdiger Weise vereinzelt erhalten in:

B. *dîta* = schriftpers. دیده

Ebenso Ardäkânî (Andreas) *dîtạm* = دیدم

6. In derselben Stellung, in der im älteren Schriftpersischen statt der dentalen Media *d* die dentale tönende Spirans *δ* ge-

sprochen und geschrieben wurde, also im Inlaut zwischen Vokalen und im Auslaut nach Vokalen, zeigen auch die heutigen Dialekte von Fars die spirans. Allerdings ist die Aussprache des Lautes schwankend: dasselbe Individuum spricht in demselben Worte bald *d*, bald *δ*. Bei genauerem Nachfragen pflegt der Mann stets die spirantische Aussprache zu widerrufen und deutlich den Verschlußlaut zu sprechen. Doch habe ich durch unauffälliges Beobachten die spirantische Aussprache feststellen können[1]).

Ich habe in den weiter unten folgenden Texten dieses Schwanken zwischen *d* und *δ* in der Weise zum Ausdruck gebracht, daß ich diplomatisch genau jedesmal die beim ersten unbeobachteten Sprechen des Gewährsmannes gehörte Aussprache wiedergebe.

An Beispielen seien hier nur einige angeführt:

	S. *âdäm* und *âδäm*	= schriftpers.	آدم	
	S. *nädi*	= „	ندهد	
aber	S. *mâδi*	= „	بمن بدهد	
	S. *îdämu*	= „	این دم	„jetzt“
und	S. *îδämu*			

Besonders bevorzugte das Bûriñgûnî das *δ*. Hier ist sogar in den Fällen, in denen die übrigen Mundarten den auslautenden Dental abgeworfen haben, gelegentlich noch *δ* zu hören:

	B. *ish-burrîδ*	= schriftpers.	بریّد
	B. *ish-dâδ*	= „	داد
	B. *ish-ciδa*	= „	چیده است
sogar	B. *mîavδi*	= „	میافتد. —

Dagegen habe ich von meinem Mâsärmî kein *δ* gehört. Auch in den Andreasschen Sammlungen kommt die spirantische Aussprache nicht vor. —

Eine gute Illustration zu einem bekannten älteren Lautübergang innerhalb des Gebietes der iranischen Sprachen gibt

B. *pâδ'rä, päδ'rä* = schriftpers. پرده

7. Vereinzelt steht *l* an Stelle von schriftpersischem *d* in

M. *kilîl* = schriftpers. کلید

[1]) Also ebenso wie in den Lurdialekten, siehe SBAW 1904, S. 1178.

VII. Die Spiranten.

Schriftpersisch *s, sh, z, zh, h.*

1. *s, sh, z, zh* erscheinen in den Dialekten an denselben Stellen wie in der Schriftsprache, nur ist auslautendes *s* und *z* gelegentlich abgeworfen:

S. *kä*	=	schriftpers.	كس
S. *nä pä*	=	„	نه پس
P. B. *rû*	=	„	روز
M. *hänû*	=	„	هنوز
S. M. P. B. *cî*	=	„	چيز

2. Das aus älterem intervokalischem *d* (*δ*) entstandene *h* des Schriftpersischen liegt in den Fars-Dialekten nicht vor, vielmehr ist der Dental gleichmäßig zu *y* geworden; siehe Horn im GIPh I, II, Seite 95 (§ 42 Nr. 3).

Nach Horn liegt pers. *h* aus altem *d*, außer in einigen dem nordwestiranischen Sprachgebiete entstammenden Eigennamen, in folgenden Worten vor: زره „Panzer", سپاه „Heer", ديهيم „Diadem", خواهد „er will", نهد, نهاد „er legt, legte", دهد „er gibt".

Von diesen Worten sind die drei ersten, wenn überhaupt, sicher nur als Lehnworte aus der Schriftsprache in den Dialekten vorhanden. Ob das Verbum خواستن in den Mundarten vorkommt, ist nicht zu entscheiden. Sollte S. *om-mä*, P. *mätom*, M. *om-mîâ* „ich will", B. *om-mîâs* „ich wollte" mit خواستن zusammenzustellen sein, so läßt sich aus diesen stark verkürzten Formen nicht ersehen, ob *h* oder *y* der der Elision unterworfene Laut gewesen ist, auch nicht aus B. *ish-bevâ* = بخواهد. B. *ish-khâs(t)* „er verlangte" ist jedenfalls aus der Schriftsprache entlehnt. S. *ish-mêî* = ميخواست könnte nur als Neubildung für das alte Partizip auf *-âst* erklärt werden.

Schriftpersisch نهادن kommt nur vor im Partizip *nâ, nihâ.* Das scheint mir aber auch aus der Schriftsprache entlehnt zu sein zumal da das in den Dialekten allgemein gebräuchliche Wort für „setzen, legen, stellen" in den Präteritalpartizipien *lisht, lêsht* vorliegt. Das Präsens dieses Verbstammes, schriftpers. مینهد, haben die Dialekte ebenfalls nicht, siehe oben Seite XXII—XXIII.

Die in den Mundarten vorkommenden Formen des Präsens von $\sqrt{d\hat{a}}$- „geben“ gehen sämtlich auf das Thema *day-* (arisch **dadâ-*) zurück. Im Bûriñgûnî liegt der Übergang von *d* in *y* klar zutage: *mîδäyom* „ich gebe“, *hâδäyin*, „daß sie geben“ usw. Die Formen S. *mîjäm*, M. *mîjom* können ebenfalls nur aus der Einwirkung eines *y* auf den dentalen Spiranten oder die Media erklärt werden, vgl. schriftpers. جان, das mit altind. *dhyâna* zusammengestellt wird (Horn im GIPh. I, II, S. 73). Merkwürdig ist, daß sowohl im Somghûnî wie im Mâsärmî die 3. sing. des Präsens wieder den Dental aufweist: S. *mîδî*, M. *mîdî*. Es müßte diese Form schon so stark zusammengezogen gewesen sein, etwa * *däyä(t)* zu *dî*, ehe durch Auswerfung des *ä* in *mîdäyom* der Dental mit dem Halbvokal in unmittelbare Berührung trat, als deren Resultat nun die Affricata *j* in *mîjäm* (aus * *mîd-yäm*) vorliegt.

Auch die Dialektgedichte des Sa‘dî (Browne im JRAS. 1895, Seite 796, Vers 10) haben das Präsens von دادن mit *j*: Der Vers:

غرش نان هاجه از حلوا بترست

ist = pers. اگرش نان بدهی از حلوا بهتر است

„wenn du ihm Brot gibst, so ist das besser als *halvâ*“. Ebenso Shäms - i - Nâṣir in dem Versrefrain:

بیو کت بُسی وهاجم

„komm daß ich dir Küsse gebe“.

Die von Andreas untersuchten Mundarten haben für میدهم die auch sonst im mündlichen Gebrauche der Schriftsprache überall in Persien übliche Form *mîdäm*, der nicht mehr anzusehen ist, ob sie aus * *mîdäyäm* oder * *mîdähäm* verkürzt ist.

Vereinzelt ist das auch sonst im mündlichen Gebrauche der Schriftsprache gehörte S. *mîjäkäm* = schriftpers میجهم „ich springe“.

Sandhi.

In zwei aufeinander folgenden Worten beeinflußt der Anlaut des zweiten häufig den Auslaut des ersten, indem tonloser

Auslaut vor tönendem Anlaut ebenfalls tönend wird; z. B. S. *uzh-giri* „er griff" statt *ush-giri;* B. *izh-gu* für *ish-gu* „er sagte" u. ä. Doch ist dieser Übergang nicht konsequent durchgeführt.

Im Wortauslaut wird der tönende Laut gern durch den tonlosen ersetzt: S. *durûkh* = schriftpers. دروغ. So schreibt Shäms-i-Nâṣir durchgängig die 3. sing. praes. mit ت am Ende, vgl. يذرت = schriftpers. گذرد oben Seite 11.

Metathesen.

Umstellungen von zwei unmittelbar benachbarten Konsonanten sind besonders häufig in arabischen Worten:

B. *ghuls* = arab. غسل
B. *riks* = „ رزق
S. *qulf* = „ قفل usw.

Aus dem Khullârî verzeichnet Andreas *märbäm* = schriftpers. میبرم „ich trage hinweg", aber 3. sing.: *mîbärd*.

Arabische Worte werden auch sonst vielfach verändert:

S. *maḥaze rizâye khodâ* = محض رضای خدا.
S. *rähämush* = رحمش „sein Erbarmen",
S. *nâzir, nazir* = نذر
M. *qazär* = قدر usw.

Zur Formenlehre.

A. Substantivum.

1. Casusformen, wie im Kurdischen (s. meine Kurdisch-Persischen Forschungen IV, III, 1 Seite L) sind, wie in der Schriftsprache so auch in den Farsmundarten nicht erhalten. Die Substantiva weisen dieselben Formen auf, wie im Schriftpersischen.

2. Dagegen zeigen die Dialekte deutlich einen besonderen Ausdruck der Determination eines Nomens: das dem Nomen angefügte *-ä* drückt dasselbe aus, was im Deutschen der bestimmte Artikel wiederzugeben hat.

B. *dällâkä bîârî* „bringt den Barbier her",
B. *râsishä begûît* = schriftpers. راستیشرا بگوييد

Auch bei Pronominibus, falls sie substantivisch gebraucht sind:

B. *inä khûbin* = schriftpers. این خوب است

B. *inä mäbär* = „ اینرا مبر usw.

Im Dialekt von Somghûn häufig *-u:*

S. *kire bärdu* „das (bezeichnete) Felsversteck“,

Auch im Bûriñgûnî findet sich *û: puse khurdû* „der jüngste Sohn“.

Ebenso *-äkû:*

S. *äz âdämäkû pursush ki* „er fragte den Diener“,

S. *luräkûzh gu* „der Lure sagte“.

Stets ist das Determinationssuffix angefügt, wenn ein demonstratives Pronomen dem Substantiv vorausgeht:

P. *î sägä zilän* „dieser Hund ist schlau“,

M. *î härfäla* „diese Worte“,

M. *û nûkärä* „jener Diener“,

M. *û pîâdäyä* „jener Fußgänger“,

B. *û dôta* „jenes Mädchen“,

B. *î pusäye dä* „dieser andere Sohn“.

Im Somghûnî lautet das Affix *-u, -o*:

S. *î harûmzâdäyo* „dieser Schurke“,

S. *û pusû* „jener Knabe“,

S. *î mîshgälû* „diese Schafe“,

S. *a î kuhyu* „auf diesem Berge“,

S. *û yäkî khäshû* „jener eine Unverwundete“,

S. *îyu* „dieses“ usw.

3. Der Gebrauch des یای وحدت erscheint in den Dialekten streng durchgeführt, z. B.:

B. *rîä bärdî* „auf einem Steine“.

4. Die Pluralendung ist durchgängig *-gäl, -yäl, -äl:*

S. *mîshgäl* „Schafe“,

S. *âdämyäl* „Menschen“,

S. *gutäl* „die Großen“,

S. *tûläyäl, tûlägäl* „die jungen Tiere“,

P. *isfahûnyäl* „die Isfahaner“,

M. *härfäl* „Worte“,

M. *bäcîäl* „Kinder“,

M. *âdämäl* „Menschen“,
M. *kôûgäl* „Rebhühner“,
M. *bîshäyäl* „Dickichte“,
B. *murghäl* „Hühner“,
B. *duzäl* „Diebe“,
B. *khäräl* „Esel“,
B. *piδär sûhtägäl* = schriftpers. پدر سوختهها
B. *däräl* „Türen“.

B. *suârâ* ist aus der Schriftsprache entlehnt.

B. Adjectivum.

Beim Antreten der Komparativendung *-tär* treten gelegentlich Assimilierungen des auslautenden Konsonanten und des *t* der Endung ein, wie sie auch im mündlichen Gebrauche der Schriftsprache zu beobachten sind: *bättär* „schlechter“ u. ä.

C. Zahlwörter.

Eine merkwürdige Bildung der Ordinalia zeigt das M. *dähtâî* „der zehnte“, das aus dem Kardinalworte mit *tâ* „das Stück“ und dem adjektiv-bildenden Suffix *-î* zusammengesetzt ist.

D. Pronomen.

1. Personal-Pronomen.

Beim Pron. pers. sind noch Casus rectus und Casus obliquus zu unterscheiden, wiewohl die Formen, besonders bei der Passivkonstruktion des Präteritums (s. u.), häufig durcheinander geworfen werden.

	Cas. rectus.	Cas. obliquus.
Sing.		
1. Pers.:	S. *mu*, P. *mu*, M. *mä*, B. *män*, *mä*	S. *mu*, P. *mu*, M. *mä*, B. *mu*
2. Pers.:	S. *tu*, P. *tu*, M. *tu*, B. *tu*	S. *tä*, S. *tu*, M. *tu*, B. *tä*
3. Pers.:	S. *ôî*, P. *û*, M. *ôî*, B. *ôî*	S. *ush*, — — B. *ish*
Plur.		
1. Pers.:	S. *mâ*, P. *mâ*, M. *mâ*, B. *mâ*	S. *mû*, P. *mû*, M. *mû*, B. *mû*
2. Pers.:	S. *shumâ*, P. M. *shumâ*, B. *shimâ*	S. P. M. B.: Nur Suff.-Pron.
3. Pers.:	S. ? P. ? M. *omshû*, B. *ushû*, *ishû*	S. P. M. B.: Nur Suff.-Pron.

Für den Casus obliquus tritt, wie auch im Schriftpersischen, meist die Suffix-Form des Pronomens, an irgend ein Wort des Satzes angehängt, in Funktion. Diese Suffixe sind:

Sing. 1. Pers. *-m*, 2. Pers. *-t*, 3. Pers. *-sh*;
Plur. 1. Pers. *-mû(n)*, 2. Pers. *tû(n)*, 3. Pers. *-shû(n)*.

Der Bindevokal, vermittelst dessen diese Suffixe an konsonantisch auslautende Nomina angefügt werden, variiert mannigfach, meist wird vor dem *m* der ersten Person *o*, vor dem *t* der zweiten Person *i* verwendet, *sh* erscheint mit *i*, *u*, auch *ä* angefügt.

Merkwürdig ist, daß diese Suffixe, die ursprünglich nur enklitisch an ein Wort gehängt werden können, auch proklitisch gebraucht werden, besonders in der Konstruktion des Präteritums: S. *ish-zä* „er schlug", S. *ush-mä* „er will". Auch als Objekt: S. *ush-mîzäm* ich schlage ihn", sogar B. *shä gäp bîâri* = schriftpers. اورا به سخن بیاورد „daß er sie zum Reden bringe"; S. *ki dü tâ tûläye khurt shinî* = schriftpers. که دو تا توله کوچکش است „welcher (dat. fem.) zwei Stück Junge sind, welche zwei Junge hat."

2. Demonstrativa.

1. Dem schriftpersischen این „dieser" steht in den Mundarten *î* gegenüber; ohne folgendes Substantiv: M. B. *inä* (s. oben).

آن „jener" lautet durchweg *û*; absolut: M. B. *una*.

Pluralformen sind: S. *înâ, ûnâ;* M. *inâlä*, B. auch *inîâ, unîâ*.

Das von dem Songhûnî ab und zu gebrauchte *yu, yunä* ist dem dem Manne ebenfalls geläufigen Lurî entnommen, s. meine „Skizze der Lurdialekte".

Adverbial-Bildungen aus dem Demonstrativum sind S. *bunäja* „dort", S. *îcu* „hier", S. *ûcu* „dort", S. *hạmûcu* „eben dort".

2. Ein weiteres Pron. demonstr. liegt vor in dem S. *än, änä*, z. B. *hämäsh äne mân* „alle sind die uns gehörigen", *äne mâ sî tâ* „die von uns (waren) dreißig"; M. *a-sî änä ke* = schriftpers. برای اینکه.

3. Interrogativa.

S. *kä* „wer", *ci, cä* „was".
M. *ki* „wer", *ci* „was",

S. *käm* = schriftpers. كدام
B. *kämûn, kämû, kûmû* = schriftpers. كدام
S. P. *cän* „wie viele".

4. Relativum.

S. M. B. *ki, ke; ci* = schriftpers. كه چه.
Das Relativpronomen wird häufig gar nicht ausgedrückt: B. *î âδäma ish-nimîshâ* ... „derjenige Mensch, welcher nicht konnte ...".

5. Indefinita.

S. *kä* = schriftpers. كس
S. M. P. B. *dîyä, dîä,* R. auch *dä* = schriftpers. ديگر
S. M. P. B. *cän* „einige"
S. M. P. B. *cî* „etwas" = schriftpers. چيز.

E. Verbum.

Im wesentlichen stimmen hinsichtlich der Bildung der beiden der Konjugation zugrunde liegenden Themata die Dialekte mit der Schriftsprache überein. In einigen Fällen sind ältere Formen erhalten, welche die Schriftsprache durch Neubildungen ersetzt hat, wie in S. B. *ạvạs* = افتاد (Mittelpers. inf. *ôpastan*), B. *om-cärd* = schriftpers. چريدم „ich weidete", u. ä. Andererseits weisen auch die Dialekte gelegentlich Neubildungen auf, wie z. B. im Bûriñgûnî im Präsens von آمدن „kommen" neben den der Schriftsprache entsprechenden Formen eine Neubildung mit eingeschobenem *r: nimîära* „du kommst nicht" usw. sich findet.

Anderweitige Abweichungen von der Schriftsprache sind, sofern sie als organische Lautveränderungen zu erklären sind, in dem Abschnitte „Zur Lautlehre" erwähnt worden.

Im übrigen ist auf die diesem Abschnitte angefügte Tabelle sämtlicher von mir gehörten Verbalformen zu verweisen.

Personalendungen.

Das Praesens Indicativi und Conjunctivi, sowie das Präteritum der intransitiven Verba werden durch Antritt der auf die mittelpersischen Personalendungen zurückzuführenden Endungen an das Tempusthema gebildet.

Sing. 1. Person: Endung *-m*, meist mit dunklem Bindevokal *o, a*, wie im M. und B., oder auch mit *ä* (im S. und P.) angefügt.

Sing. 2. Pers. Endungen: S. *-âi*, P. *-âi*, *-êi*, M. *-êi*. B. *-a*, *-ạ*. Die Dialekte von Ardäkân und Khullâr haben nach Andreas die Endung *-ê*.

In diesen letztgenannten Formen scheint sich das mittelpersische *-ê* erhalten zu haben, vielleicht auch im M. und P. Ob die Somghunî-Formen auf *-âi* auf die im Schriftpersischen sporadisch erhaltenen älteren Konjunktive, wie پرساد, zurückgehen, ist fraglich, wiewohl auch sonst im Gebiete der iranischen Sprachen die Endungen des Conj. Praes. die des Indikativ verdrängt haben, vgl. *-ûn* (aus *-ân*) für die 1. Pers. Sing. in den Kâschân-Mundarten, sowie im Zaza.

Sing. 3. Pers.: S. M. *-ä*, B. *-i*. Entspricht dem schriftpersischen *-äd*, dessen Dental abgeworfen ist.

Die Gedichte des Shäms-i-Nâṣir haben stets *-it*, cf. in dem oben (S. 11) angeführten Verse: گذرد = یذرت

Bei denjenigen Verben, deren Präsensthema auf *-n* ausgeht, hat das Somghûnî in der Endung der 3. Pers. Sing. den Vokal ausgeworfen, und das *-t* erhalten:

S. *budûnt* = schriftpers. بداند
mîbînt = „ میبیند
vạ-sont = „ بستاند
mîkont = „ میکند

Ebenso die Dialekte von Khullâr und Ardäkân (Andreas), in welchen auch sonst noch der Dental vielfach erhalten ist, z. B. Ardäkânî *mîgîrt* = schriftpers. میگیرد, *vạ-mîjûrt* = schriftpers. میجوید, *mîdûzd* = schriftpers. میدوزد u. a.

Im allgemeinen macht sich in der 3. Person sing. praes. eine Tendenz nach ungemein starker Verkürzung der Formen bemerkbar, so daß nicht nur die Personalendung, sondern auch noch der das Thema auslautende Konsonant abgeworfen ist. Häufig ist dann der Vokal der Wurzel gedehnt. Beispiele:

S. *mä*, P. *ma* = schriftpers. میاید
S. *mîbä*, B. *mîbî* = „ میبرد
S. *mîkho* (daneben: *mîkhorä*) = „ میخورد
P. *bekhâ*, M. *bekhä* = „ بخورد
S. *mîδi*, B. *mîδî*, M. *nimîdî* = „ نمیدهد, میدهد
B. *mîδû* = „ میدهند
M. *mîbî* = „ میبینند
M. B. *mîzî* = „ میزند

(S. *mîzä* = میزند, aber im S. ist das ganze Präsens so verkürzt!) S. *vậ-so* (neben *vậsont*) „er nimmt" (von ستادن),

M. B. *mîkû* = schriftpers. میکند
S. *begî*, B. *mîgî* = „ میگیرد, بگیرد
B. *bämî* = „ بمیرد
S. P. *mînî*, B. *hûnî* = „ بنشیند مینشیند.

Die 3. Pers. sing. des Präteritums intransitiver Verba hat, wie in der Schriftsprache, keine Endung.

Von der Kopula lautet die 3. sing. des Präsens auf *-n* aus: S. M. B. *-än, -in*. Ebenso in den Dialektgedichten bei Browne und bei Shäms-i-Nâṣir.

Plural 1. Pers. Die Endung ist durchweg *-ûm*, ebenso im Ardäkânî (Andreas). Nur das Khullârî hat nach Andreas *-äm*, so daß die Formen des Singular und Plural identisch werden.

Plural 2. Pers. Endungen: S. *-î*, B. *-î(t)*, die von Andreas untersuchten Dialekte haben *-ît*. Das Mâsärmî hat die auch sonst, z. B. im Lurî vorkommende Endung *-în*, die den kurdischen Mundarten eigentümlich ist.

Plural 3. Pers. Endung *-än*, auch *-in* = dem schriftpersischen *-änd*, dessen auslautender Dental abgeworfen ist.

Den Personalendungen ist häufig noch ein die Bedeutung nicht nuancierendes *-î* angefügt, sowohl im Indikativ, wie im Konjunktiv des Präsens, besonders im Pâpûnî und Somghûnî:

P. *buburrätî* = schriftpers. ببرد
P. *âdämî* = „ بدهم
P. *mîshûmî* = „ میرویم
P. *mîkhatûmî* = „ میخوابیم

P. *sô^{h}tämî* = schriftpers. سوختم
P. *shạsạnî* = „ نشستند
P. *hänî* = „ هست
S. *mîkunämî* = „ میکنم
S. *miftämî* = „ میافتم
S. *shînî* = „es ist ihm, er hat“
S. *mêiδî* = schriftpers. میاید (hier hat das antretende *-î* bewirkt, daß der Dental der Endung wieder hervortritt, wie auch in P. *buburrätî*).

Auch in der 3. Person sing. des Präteritums intransitiver Verba tritt ein angehängtes *-î* auf. Da dieses *-î* auf das Bûriñgûnî und in ihm auf die Verba „gehen“ und „kommen“ beschränkt erscheint, so ist nicht zu entscheiden, ob hier das eben besprochene *-î* vorliegt, oder irgend etwas anderes in den betreffenden Formen steckt. Wir haben:

B. *âmäî* neben *âmä* = schriftpers. آمد
und B. *bushûî* neben *bushû* = „ رفت
B. *mîshûî^{y}ạ gärdisht* = „ رفت به گردش

Ebenso hat das Somghûnî und das Bûriñgûnî neben *zä* (= schriftpers. زد) auch *zäî*.

Vielleicht ist in allen diesen Formen das in der älteren Schriftsprache sich findende Affix *-ê* zu sehen, vgl. Horn im GIPh I. II Seite 151.

Die Präfixe und die Negationspartikel.

1. Zur Bildung des Präsens und des Imperfektum wird, wie im Schriftpersischen, das Präfix *mî-*, auch, besonders im Somghûnî, zu *mi-*, *mä-*, *-m-* verkürzt, verwendet.

mi- findet sich bei Verben, deren Präsensthema mit zwei Konsonanten anlauten sollte, wie

S. *miftûm* = schriftpers. میافتیم
S. *mishkänäm* = „ میشکنم
S. *mishnufäm* = „ میشنوم

Bei vokalisch anlautendem Präsensthema, besonders vor *-a*, verliert das Präfix seinen Vokal gänzlich:

S. P. M. *mäyäm* = schriftpers. میآیم

S. *märäm* = „ میآورم

Das Somghûnî allein hat in den Verben, in welchen die Dialekte gegenüber dem schriftpersischen *fr* Schwund des *f* zeigen, das Präsenspräfix in der Form *mê-*:

S. *mêärisäm* = schriftpers. میفرستم
S. *mêärshäm* = „ میفروشم

In S. *vâmbäm* „ich werde", M. *vâmbûm* „wir werden" und ähnlichen Formen trat die Verkürzung von *mî-* zu *m* ein, anscheinend weil das hochbetonte *vâ-* den Vokalschwund in der folgenden Silbe begünstigte, ebenso z. B. in S. *sh-nämbu* = نمیبُرد

2. Der Imperativ und der Konjunktiv des Präsens haben das Präfix *bä-*, *be-*, dessen Vokalisierung stark schwankt, indem der Vokal der ersten Silbe des Themas, sowie der anlautende Konsonant die Aussprache beeinflussen.

Das bekanntlich in der Schriftsprache, besonders der älteren, vor allen Formen, wie z. B. dem Präteritum, gebräuchliche *be-* hat sich in den Dialekten im Präteritum des Stammes *shû-* „gehen" noch erhalten:

S. *bishtäm* „ich ging",
S. B. *bushû* „er ging",
B. *bishtin*, neben *ishtin* „sie gingen", usw. (siehe die Verb-Tabelle).

Sogar vor Perfekt- und Plusquamperfekt-Formen:

S. *bishisän* „sie sind gegangen",
S. *bishisädän* „sie waren gegangen".

3. Statt des *be-* verwenden die Dialekte bei einer Reihe von Verben das Präfix *hâ-*, *â-*, *hû-* *û-*. Der Gebrauch scheint auf bestimmte Verba beschränkt zu sein, diese werden dann aber in allen Mundarten mit diesem Präfix versehen. Die wenigen Ausnahmen (P. *beshäm* „ich möge gehen", S. M. B. *bushu* „gehe") gehen offenbar auf eine Entlehnung der schriftpersischen Formen zurück. Die Wahl des Vokales, *â* oder *û*, scheint von dem das Verbthema anlautenden Konsonanten beeinflußt zu sein. Es kommen vor

a. *hâ-*, *â-* beim Verbum „geben“:

S. *âjäm*
P. *âdämî*
M. *hâjom*
B. *hâdäyom* } = schriftpers. بدهم

Ebenso auch im Ardäkânî und Kälâtî.

b. *hû-*, *û-*, *u-* liegt vor vor anlautendem *n-*:

S. *ûnî*
M. *hûnî*
P. *ûnî* } „setze dich“

B. *hûnî* „daß er sich setze“

Ardäkânî: *hushi*, Khullârî: *hûshi*, Kälâtî: *ushin* „setze dich“ (nach Andreas).

P. *ûnâ*
M. *hûnis*
B. *hûni* } „lege, stelle hin“

Ebenso im Ardäkânî und Khullârî.

Ferner vor Sibilanten:

S. *ûshûm* „daß wir gehen“
M. *ushû* „gehe“
B. *hûshî* „gehet“
S. *usunäm* „daß ich nehme“
B. *usa* „nimm“

Vereinzelt ist S. *ish-mä ûkhaftä* „er will schlafen“ = schriftpers. میخواهد بخوابد

4. Die Negationspartikel lautet *nä*, *ni*, vereinzelt *nâ*. *ni* findet sich zumeist vor dem *mî-*, *mi-* des Präsens und Imperfektum, so daß man wohl eine Vokalassimilierung der beiden aufeinanderfolgenden Silben annehmen muß.

Das Präteritum.

1. Die Intransitiva bilden, wie in der Schriftsprache, das Präteritum durch Anfügung der Personalendungen an den Stamm des Participii Praeteriti. Die 3. Person sing. bleibt ohne Personalendung, ist also gleich dem Stamm des Partizipium.

2. Bei den transitiven Verben tritt die in meinen „Kurdisch-persischen Forschungen“ Abt. IV, Band III, 1 Seite LXXXIV ff.

ausführlich besprochene passivische Konstruktion ein, wie sie auch noch im Mittelpersischen beinahe allgemein durchgeführt erscheint. Beispiele bietet fast jeder Satz in den weiter unten veröffentlichten Texten:

S. *shikâleshû nädî* „sie sahen kein Wild“,
M. *id-gu* „du sagtest“,
P. *a däräm âvu* „ich holte heraus“,
B. *mâ umû zäî* „wir schossen sie“ usw.

Selten fehlt, und natürlich nur in der 3. Pers. sing., das das Subjekt bezeichnende Pron. suff. *-sh*, z. B. im B. (Erz. XVII) *mâ atälishû ki*, . . . *dävâshû dâ* „er hielt sie hin, . . . gab ihnen Arzenei“.

Das unbestimmte Pronomen „man“ als Subjekt bleibt unbezeichnet: B. (Erz. XIV): *sî ci mähäbbäte därvîsh näkirda,* „warum hat man für den Derwisch nicht gesorgt?“

Ist das Objekt des Satzes ein pronomen personale, so erscheint das Verbum flektiert, indem das Objekt zum Subjekt wird: „du hast mich geschlagen“ wird konstruiert: „ich bin (von) dir geschlagen“. Ausführliches hierüber in den „Kurdisch-persischen Forschungen“ a. a. O. Beispiele:

S. *shû a pushtä kirdäm* „sie taten mich auf die Schulter“,
S. *shû burdäm a khûnä* „sie trugen mich nach Hause“,
S. *shû kushsäyäm* „sie haben mich getötet“,
S. *yä kûrî icänî shä kirsayäm* „ein Blinder hat mir solches angetan“,
S. *yä kûrî shä vâsädäm* „ein Blinder hat sie mir genommen“.

In den letzten beiden Fällen ist sogar, wie auch im Kurdischen, das indirekte Objekt zum Subjekt der Passivkonstruktion geworden.

3. Übergänge aus dieser Passiv-Konstruktion des Präteritums (und des Perfekts-Plusquamperfekts) der Transitiva in das in der Schriftsprache übliche aktivisch flektierte Präteritum finden sich, sind aber sehr selten, außer im *Pâpûnî*.

S. *zäsh a tî sînä* „er schoß in die Brust“.

Hier ist das Suffix-Pronomen einfach an die Verbalform, das Partizip, gehängt. Ähnlich im P.

guftäbîsh = schriftpers. گفته بود
ishnuftäbîsh = „ شنیده بود
aber daneben: *mum ishnuftä bî* „ich hatte gehört.“

Perfectum und Plusquamperfectum.

Das Perfectum wird durch Zusammensetzung der verkürzten Form des Part. Praet., wie sie in der 3. Pers. sing. des Präteritums zutage tritt, mit den Formen der Copula gebildet. Doch sind die etwa dem Schriftpersischen هستم entsprechenden volleren Formen verwendet.

M. *andisâm* = schriftpers. آمده ام
M. *ushtesâm* = „ رفته ام
S. *shäsäyän* = „ نشسته اند (wohl aus **shässäyän*, vgl. S. *säyän* „sie sind“)
S. *kushsäyäm* „man hat mich getötet“,
S. *âbîsäyän* = schriftpers. شده اند

Bei transitiven Verben erscheint das Participium Praeteriti durch die Silbe *-sâ* erweitert, sonst wird ebenso konstruiert wie beim Präteritum:

S. *mum ishnufsâ* „ich habe gehört“.

Doch ist schwer zu entscheiden, ob diese Formen für das Perfectum oder Plusquamperfectum gebraucht werden. Für den Mann aus dem Volke scheint der Unterschied dieser beiden Tempora schwer zu begreifen. Wenn man dem Gewährsmanne nach Art eines Paradigma die einzelnen Tempora eines Verbs abfragt, so wird er natürlich stets eine Antwort bereit haben, wird aber meist nur die eben gehörten Worte der Schriftsprache wörtlich in seiner Mundart wiedergeben. Erzählt er jedoch selbständig, ohne zu übersetzen, so macht sich im Gebrauche dieser beiden Tempora ein Schwanken bemerkbar, das eben nur darauf schließen läßt, daß die begrifflichen Unterschiede der Bildungen durchaus nicht feststehen.

So gab der Somghûnî z. B. folgendes Paradigma:

om-ki = کردم
om-kirdi = کرده ام
om-kirsâ = کرده بودم

Der Mâsärmî gab an:

ushtäm = رفتم
ushtesâm = رفته ام
ushtäsä budäm = رفته بودم

und beim Transitivum:

mim dâ = دادم
mim dadin = داده ام (*-in* = schriftpers. است)
mim dadä-sâ = داده بودم

Daß die Bildungen beim Intransitivum und Transitivum sich so weit voneinander entfernen sollten, ist unmöglich; ich vermute, daß das *ushtäsä budäm* eine momentane Erfindung des Gewährsmannes ist.

Das *-sa* tritt an das verkürzte Partizip, doch ist der auslautende Dental abgeworfen:

S. *ish-khärsâ* = خورده بود oder خورده است
S. *mursä bû* = مرده باشد

Im Somghûnî kommen dann zur Bezeichuung des Plusquamperfekts noch Formen auf *-sädäm* vor:

S. *bishisädän* = schriftpers. رفته بودند
S. *shäsädä* = „ نشسته بود u. ä.

Diese scheinen mir junge Neubildungen, wie sie auch im persischen Jargon vorkommen. So hörte ich in Schiraz und Buschähr z. B. *guruftätäsh* = اورا گرفته است. Die Sprache hat anscheinend das Bestreben, gegenüber der Form des Präteritums *guruftäsh* „er fing ihn" die noch weiter zurückliegende Vergangenheit durch irgendeine Erweiterung der einfachen Präteritalform auszudrücken.

Merkwürdig ist das Nebeneinander von S. *shäsi* und *shäso* = نشسته است und نشسته بود.

Passivum.

Es liegen nur Formen vor, die der schriftpersischen Zusammensetzung mit شدن „werden" nachgebildet sind, z. B. S. *kushtä vâbida* = کشته شده, M. *nivishtä vâ budän* = نوشته شده اند, M. *zädä vâmbum* = زده میشوم.

Causativa.

Die altarische Causativ-Bildung erscheint noch in S. *vâ-mîshäyäm* „ich pflanze“, *mum vâ-shêi* „ich pflanzte“, entsprechend dem schriftpers. نشاندن zu نشستن.

Über die modernen Causativ-Formen, schriftpers. auf *-ândan*, ist schon oben S. 8 gesprochen worden.

Verzeichnis sämtlicher Verbformen.

Im folgenden gebe ich eine Tabelle sämtlicher in den vier Tâjîk-Mundarten von Somghûn, Pâpûn, Mâsärm und Bûriñgûn ermittelten Verbformen, sowohl der von mir einzeln abgefragten, wie auch der in den weiter unten abgedruckten Texten vorkommenden. In der ersten Tabelle sind die „regelmäßigen“ Verba zusammengefaßt, d. h. diejenigen, deren Präsensthema auf einen Konsonanten auslautet, und deren Präterital-Partizip — rein äußerlich betrachtet — durch Antritt von *-î(d)* an die auch im Präsensthema vorliegende Wurzelform gebildet erscheint, wie z. B. im Schriftpersischen میکشم — کشید „ziehen“. Die zweite Tabelle enthält die überwiegende Anzahl derjenigen Verba, deren Präsensthema nach besonderen Gesetzen aus der im Präteritum rein zutage tretenden Wurzel gebildet ist — meist finden wir hier die alten Präsensklassen der altiranischen Sprachen wieder. Die dritte Tabelle verzeichnet die Causativa und Denominativa. Innerhalb jeder Tabelle ist die Anordnung der Verba rein alphabetisch nach der persischen Buchstabenfolge, und nach den Infinitivformen der betr. *schriftpersischen* Zeitwörter. Es sind alle belegten Formen der Tempora, Numeri und Personen einzeln aufgeführt, nur ist vom Präteritum der transitiven Verba lediglich das der eigenartigen Konstruktion dieses Tempus zugrunde liegende „Participium praeteriti“ aufgeführt.

I.

Sogenannte „schwache (regelmäßige)“ Verba.

بریدن „abschneiden“.

S.

Konj. Präs. sing. 3. *búburrä, búburrätî.*
plur. 3. *búburrän.*
Part. Prät. *burrî.*

M.

Konj. Präs. sing. 3. *búburrä.*
plur. 3. *búburrän.*
Part. Prät. neg. *nâburrî.*

B.

Part. Prät. *burrîδ.*

پرسیدن „fragen“.

M.

Part. Prät. *pursî.*

B.

Part. Prät. *pursî.*
Perf. *ish-pursîδa* „er hat gefragt“.

پریدن „fliegen“.

B.

Prät. plur. 3 *pärîdin.*

پوشیدن „(sich) ankleiden“.

B.

Prät. sing. 3. (transitiv konstruiert!) *ish-mîpûshî.*

ترسیدن „sich fürchten“.

M.

Prät. sing. 1. *tirsîdam.*

B.

Prät. (transitiv konstruiert!) sing. 1. *mu tärsî.*
3. *ish-mîtärsî* = میترسید

خریدن „kaufen“ (meist wird in dieser Bedeutung, wie auch im mündlichen Gebrauch des Schriftpersischen گرفتن oder ستادن angewendet).

S.

Ind. Präs. sing. 1. *mîkhäräm.*
Part. Prät. *khärî.*

M.

Part. Prät. *khärî.*

B.

Konj. Präs. sing. 1 *békhärom.*

خندیدن „lachen“.

B.

Prät. sing. 3. (transitiv konstruiert!) *ish-khändî.*

دریدن „zerreißen“.

S.

Konj. Präs. sing. 3. *bédärräsh* „daß er ihn zerrisse“.

دزدیدن stehlen“.

S.

Part. Prät. *duzî.*

M.

Part. Prät. *duzî.*

دویدن „laufen“.

B.

Imper. *búdû.*

رسیدن „gelangen“.

S.

Prät. sing. 3. *risî, räsî.*
plur. 1. *räsîdûm.*
3. *risîdin.*

M.
Konj. Präs. sing. 1. *béräsom.*
3. *béräsä.*
Prät. sing. 3. *räsi.*
B.
Prät. sing. 3. *räsi.*
neg.: *näräsî.*
plur. 1. *räsiδûm.*

زايدن „gebären"
B.
Prät. 3. sing. (intransitiv!) *zâi.*

فهميدن „verstehen".
S. P. M.
Part. Prät. *fahmi.*
B.
Ind. Präs. 1. sing. *mîfahmóm.*
2. *mîfahmá.*
Part. Prät. *fahmi.*

كشيدن „ziehen".
S.
Imper. *békish.*
Part. Prät. *kishi.*
P.
Part. Prät. *käshi.*
B.
Imper. *bâkash.*
Ind. Präs. plur. 3. *mîkäshîn.*
Konj. Präs. sing. 1. *békäshom.*
3. *békäshi.*
Part. Prät. *käshi.*

ليسيدن „lecken".
B.
Part. Prät. *lîsi.*

II.

Die sogenannten „starken (unregelmäßigen)" Verba.

آمدن „kommen".
S.
Imper. sing. *biô, bi.*
plur. *bei.*
Ind. Präs. sing. 1. *mäyâm.*
2. *mäyái.*
3. *mâ, mêiδi.*
plur. 1. *mâyúm.*
2. *mäyi.*
3. *mäyân.*
Konj. Präs. sing. 1. *bévâm.*
3. *bâ.*
plur. 1. *bâyûm.*
Prät. sing. 1. *andám.*
2. *andái.*
3. *amâ, amâd-ä-khûnä.*
plur. 1. *andúm.*
2. *andi.*
3. *andân*
andín.
Perf. sing. 3. *andísa,*
andísi.
P.
Ind. Präs. sing. 1. *mäyâm.*
3. *má.*
Plsqperf. sing. 3. *andâ bî.*
M.
Imper. sing. *biô.*
plur. *bâyîn.*

Ind. Präs. sing. 1. *mäyóm.*
2. *mäyéi.*
3. *mîá.*
plur. 1. *mäyúm.*
2. *mäyín.*
3. *mäyȃn.*
Konj. Präs. sing. 1. *bȃyom.*
plur. 3. *bȃyän.*
Prät. sing. 1. *a̤ndám.*
2. *a̤ndéi.*
3. *améi, amȃ (mîamȃ).*
plur. 1. *a̤ndúm.*
2. *a̤ndín.*
3. *a̤ndȃn.*
Perf. sing. 1. *a̤ndísâm.*
2. *a̤ndiséi.*
3. *a̤ndísâ.*
plur. 1. *a̤ndísûm.*
2. *ändisîn.*
3. *a̤ndísän.*
Plsqperf. sing. 1. *a̤ndísâ búdäm, a̤ndȃ búdäm.*

B.

Imper. sing. *bî, bíâ.*
plur. *bíärî(t).*
Ind. Präs. sing. 1. *mäyḁm.*
plur. 3. *mîärín.*
neg. sing. 2. *nímîärä.*
3. *nímîäri, nímîâ.*
Konj. Präs. sing. 1. *bȃya̤m.*
3. *bíâ.*
plur. 2. *bíärî(t),bȃ'ît.*
neg. sing. 3. *nȃyâyi.*
Prät. sing. 1. *anda̤m.*
2. *âmȃ, âmȃî, andá.*
plur. 1. *andúm.*
3. *andín*
neg. sing, 3. *nȃ'andâ.*

آوردن „herbringen“.

S.

Ind. Präs. sing. 1. *märȃm.*
2. *märái.*
3. *märȃ.*
plur. 1. *märúm.*
2. *märí.*
3. *märȃn.*
Part Prät. *âvú.*

M.

Imper. sing. *bíyâr.*
neg. *mȃyâr.*
Ind. Präs. sing. 1. *mîâróm.*
2. *mîâréi.*
3. *mîârä.*
plur. 1. *mîârúm.*
2. *mîârín.*
3. *mîârȃn.*
Part. Prät. *âvú, âvúrd.*

B.

Imper. sing. *bäyâr, bíâr.*
plur. *bíârî.*
Ind. Präs. sing. 1. *mîâróm.*
3. *mîârí.*
plur. 3. *míârín.*
Konj. Präs. sing. 1. *bíârom.*
3. *bíâri.*
plur. 1. *bíârûm.*
2. *bíârî.*
3. *bíârin.*
Part. Prät. *âvú, âvúrd.*

افتادن „fallen".

S.

Ind. Präs. sing. 1. *miftâm.*
plur. 1. *miftúm.*
2. *miftî.*
Konj. Präs. sing. 1. *bíftämî.*
2. *bíftâi.*
3. *bífti.*
neg. sing. 2. *náuftâi.*
Prät. sing. 1. *ạvạ́sạm.*
2. *ạvạsâi.*
3. *ạvạ́s.*
plur. 1. *ạvạ́sûm.*
2. *ạvạ́sî.*
3. *ạvạ́sin.*

P.

Ind. Präs. plur. 1. *mîuftúm.*
2. *mîftî.*
3. *mîuftân.*
Prät. sing. 1. *uftádom.*
2. *uftadâî.*
3. *uftáda.*

M.

Imper. sing. *bíuft*; plur *bíuftîn*·
Ind. Präs. sing. 1. *mîuftóm.*
Prät. sing. 1. *uftädom.*
3. *uftá.*

B.

Ind. Präs. sing. 3. *mîavδí.*
Prät. sing. 3. *avás.*

انداختن „werfen, schießen".

S.

Ind. Präs. sing. 1. *mîkärzâm.*
Part. Prät. *kärzî.*

B.

Ind. Präs. sing. 1. *mîrimänóm* (beim Ringen).

Part. Prät. *rimún, bärún.*

ایستادن „stehen".

S.

Ind. Präs. sing. 1. *vâi-mîsäm.*
2. *vḁi-mîsâi.*
3. *vḁi-mîsä.*
Prät. sing. 3. *vḁ̂isî.*
Perf. sing. 3. *vḁ̂i-sädä.*
plur. 1. *vḁ̂i-sädûm.*
Plsqperf. sing. 3. *vḁ̂i-sîsäyäm, vḁ̂i-sîsädäm.*

M.

Imper. sing. *vêîsá*; plur. *vêîsîn.*
Präs. *vêî-mîsóm.*
Prät. *vêî-sâdom.*
Perf. *vêî-sädäsâm.*
Plsqperf. *vêî-sâdä budäm.*

B.

Prät. plur. 3. *vḁ̂-îstáδin.*

بافتن „weben".

S.

Präs. sing. 1. *mîbäfâm.*
Part. Prät. *bâft.*

بردن „wegbringen".

S.

Imper. sing. *bébä.*
Ind. Präs. sing. 1. *mîbärâm.*
2. *mîbärâi.*
3. *mîbâ.*
plur. 1. *mîbärúm.*
2. *mîbärî.*
3. *mîbärân.*
Konj. Präs. sing. 3. *bébä, bébê.*
Part. Prät. *bu.*
Perf. *ush-búrdi* = pers. برده است

M.

Ind. Präs. sing. 1. *mîbäróm.*

Part. Prät. *bu, burd.*

B.

Imper. sing. *bâva, béva.*
plur. *bâverî(t).*
Ind. Präs. sing. 3. *mîbî.*
neg. sing. 2. *nímîbära.*
Konj. Präs. plur. 1. *bâverûm.*
2. *bâverî(t).*

بودن „sein".

Part. Prät. *bu.*

بستن „binden".

S.

Ind. Präs. sing. 1. *vâmbänâm.*
2. *vâmbändi.*
Part. Prät. *bäs.*

B.

Part. Prät. *bäs(t).*

S.

	Enklit. Form.	Absol.
Ind. Präs. sing. 1.	*-äm.*	
2.	*-âi.*	
3.	*-än, -n, -äs, -ä.*	*hän.*
neg.	*nî.*	
plur. 1.		*säyûm.*
3.	*-in*	*säyân.*

Konj. Präs. sing. 3. *bû* (باشد).
Prä.t sing. 1. *bídäm, bíðäm.*
2. *bidâi.*
3. *bî*
plur. 1. *bídûm, bíðûm.*
Prät. plur. 2. *bidî.*
3. *bidin.*

P.

Ind. Präs. sing. 3. *-än; hän.*
Prät. sing. 3. *bî.*

M.

	Enklit. Form.	Absol.
Ind. Präs. sing. 1.		*hisâm, häsóm.*
2.		*hiséi, häséi.*
3.	*-in, -än.*	*hin, hän.*
plur. 1.		*hisûm, häsûm.*
2.		*häsîn.*
3.		*hisän, hâsän.*
neg. sing. 3.	*nî, nínî.*	

Konj. Präs. sing. 3. *bû.*
Prät. sing. 1. *búdäm.*
2. *búdêi.*
3. *bî.*
plur. 1. *búdûm.*
2. *búdîn.*
3. *búdän.*

B.

Enklit. Form.	Absol.
Ind. Präs. sing. 1.	*häsąm.*
2. *-sa, -isa (-î).*	*hâsa, hästa, hisa.*
3. *-än, -in.*	*hän, hin.*
plur. 1.	
2.	
3. *-isin.*	*hâsän, hisän, hisin.*

Konj. Präs. sing. 3. neg. *nâbâ.*
plur. 2. *bâ' î(t).*
Prät. sing. 2. neg. *näbiδa.*
sing. 3. *bî.*
plur. 1. *biδûm.*
3. *biδin, biδän.*
bídän.
Plsqperf. sing. 1. *biδisąm.*
2. *biδisa.*

بیختن „sieben“.

M.

Präs. *mibizom.*
Part. Prät. *bikht.*

پا شدن „aufstehen“.

S.

Imper. sing. *úlû* پا شو
plur. *úlisî, a pâ bî* پا شوید

پختن „kochen“.

S.

Präs. *mîpäzâm.*
Part. Prät. *puht.*

M.

Präs. *mîpäzóm.*
Part. Prät. *pukht.*

B.

Part. Prät. *pukht.*

تراشیدن „rasieren“.

B.

Imper. sing. *bétirâsh.*
neg. *mâtirâsh.*
Konj. Präs. sing. 3. *bętirąshi.*
Part. Prät. *tirâsht.*

توانستن „können".

S.

Perf.Plur.3.neg. *shû-näshayädä.*

P.

Perf. plur. 3. neg.: *níshûn(i)shá.*

M.

Perf. plur. 3. neg. *näshâyisän.*

B.

Imperf. sing. 3. neg. *nímîshâ.*
ish-nímîshâ.

Prät. sing. 1. neg. *om-nâshas*
3. neg. *ish-näshas.*

Perf. sing. 1. neg. *om-näshahisa.*
plur. 3. neg. *shû-nätärista.*

جستن „springen, fliehen".

S.

Ind. Präs. sing. 1. *mîjîkâm.*
Prät. sing. 1. *jîkädâm.*
3. *jäs.*
plur. 3. *jäsin.*

M.

Perf. sing. 3. *jäsâ.*

جستن „suchen".

S.

Ind. Präs. sing. 1. *vâ-mîjîrâm.*
Konj. Präs. sing. 1. *vâ-jîrâm.*
Part. Prät. *vâ-dî.*

چريدن „weiden".

B.

Prät. sing. 1. *om-cârd* (transitiv konstruiert!).

چيدن „pflücken".

S.

Imper. *búcu.*
Präs. sing. 1. *mîcänâm.*
Part. Prät. *cî.*

B.

Part. Prät. *cíða.*

خوابيدن „sich hinlegen".

S.

Ind. Präs. sing. 1. *mîkhaftâm.*
2. *mîkhaftâi.*

Konj. Präs. sing. 3. *úkhaftä.*
Prät. sing. 3. *khaftî.*
Perf. sing. 1. *khaftâdäm.*
plur. 1. *khaftâdûm.*

Plsqperf. plur. 2. *khafsâdî.*

P.

Ind. Präs. plur. 1. *mîkhatúmî.*

M.

Prät. plur. 3. *khätân.*

Plsqperf. plur. 3. *khôusâdisän.*

B.

Prät. sing. 3. *khatî.*
plur. 3. *khâtíðin.*

Imperf. sing. 3. *mîkhatî.*

Perf. sing. 2. *khatísa.*

خواستن „wollen, verlangen".

S.

Ind. Präs. sing. 1. *om-mâ.*
2. *it-mâ.*
3. *ush-mâ.*
plur. 1. *mámû-mâ.*
Prät. sing. 3. *ish-mêi.*

P.

Ind. Präs. sing. 1. *mâtom, om-mâ.*
2. *mâtät.*
plur. 1. *mâtumû.*

M.

Ind. Präs. sing. 1. *mum-mîá* (*mum tú mîâtum* „ich will dich").
3. *ish-mîá.*

B.

Ind. Präs. sing. 1. neg. *om-nímîâ.*
Konj. Präs. sing. 3. *ish-bévâ.*
Prät. sing. 1. *om-mîâs.*
2. *it-mîâs.*
[Part. Prät. *khâs(t)* = schriftpers. خواست].

خواندن „lesen".

S.

Imper. *búkhûn.*
Präs. sing. 1. *mîkhûnäm.*
Part. Prät. *khând.*

M.

Part Prät. *vḁ-khând.*

خوردن „essen".

S.

Imper. neg. *mákhu.*
Ind. Präs. sing. 1. *mîkhoräm.*
3. *mîkhorä,*
mîkhó.
Konj. Präs. sing. 1. *békhoräm.*
3. *búkhu.*
Part. Prät. *khä.*
Plsqperf. sing. 3. *ish-khärsâ.*

P.

Konj. Präs. sing. 3. *békhâ.*

M.

Imper. *békhur.*
Ind. Präs. sing. 1. *mîkhoróm.*
Konj. Präs. sing. 1. *békhorom.*
3. *békhä.*
Part. Prät. *khärd.*
Plsqperf. sing. 3. *ish-khärdäsâ.*

B.

Imper. *békhâ, bäkhû.*
Ind. Präs. sing. 1. *mîkhoróm.*
2. *mîkhorá.*
Konj. Präs. sing. 2. *békhora.*
plur. 1. *békhorûm.*
3. *békhorin.*
Part. Prät. *khâ.*
Perf. sing. 3. *ish-khârdä.*

دادن „geben".

S.

Imper. *hâda(-i), âdi, âδi.*
Ind. Präs. sing. 1. *mîjäm.*
neg. *nimîjäm.*
2. *mijâi.*
3. *mîδi,*
neg. *nimîδi.*
plur. 1. *mîjûm.*
2. *mîji.*
3. *mîjän.*
Konj. Präs. sing. 1. *âjäm.*
3. *âdi;*
neg. *nädi.*
Part. Prät. *dâ.*

P.

Konj. Präs. sing. 1. *âdämî.*

M.

Imper. sing. *hâdä, mâdä*
[= بمن بده].
plur. *hâjîn.*
Ind. Präs. sing. 1. *mîjóm.*
2. *mîjêi.*
3. *mîdî;*
neg. *nimîdî.*
plur. 1. *mîjûm.*
2. *mîjîn.*
2. *mîjän.*
Konj. Präs. sing. 1. *hâjom.*
2. *hâjêi.*
3. *hâdî.*

plur. 1. *hâjûm.*
2. *hâjîn.*
3. *hâjän.*
Part. Prät. *dâ.*
Perf. sing. 1. *mim dâdin.*
Plsqperf. sing. 1. *mim dâdäsâ.*

B.

Imp. sing. *hâδä.*
plur. *hâδî(t).*
Ind. Präs. sing. 1. *mîδäyóm.*
2. *mîδäyá.*
3. *mîδî.*
Konj. Präs. sing. 1. *hâδäyom.*
3. *hâδî.*
plur. 3. *hâδäyän.*
Part. Prät. *dâ, dâδ.*

داشتن „haben“ (wird im Sinne von „besitzen“ umschrieben durch die Kopula mit dem Pron. pers. suff.; das Verbum داشتن ist nur in Verbindung mit präpositionalen Partikeln wie *vâ, vir* [=np. بر] gebraucht.

S.

Ind. Präs. sing. 3. *vir mîδâ* „er wirft empor“ = np. برميدارد.

M.

vą dąshtän=np. نگاه داشتن.
Ind. Präs. sing. 1. *vą-mîdäróm.*
2. *vą-mîdärêi.*
Prät. sing. 1. *mim vą-dâsht.*

دانستن „wissen“.

S.

Ind. Präs. sing. 1. neg. *nimîδänäm.*
plur. 1. *mädûm.*
Konj. Präs. sing. 3. *búdûnt.*

Part. Prät. *dänî;* neg. *nädänî, näδänî.*

M.

Ind. Präs. sing. 1. *mîdänóm.*
2. *mîdänêi.*
Part. Präs. *dänís, dânís.*

B.

Imper. sing. *béδän.*
Ind. Präs. sing. 2. *mîδäná, mîδûnî.*
3. *nimîδû.*

دوختن „nähen“.

S.

Ind. Präs. sing. *mîduzâm.*
Part. Prät. *duht.*

M.

Ind. Präs. sing. 1. *mîduzóm.*
Part. Prät. *dukht.*

B.

Prät. sing. 1. *ish-dúkht.*
Perf. sing. 1. neg: *om-nädôta.*

دوختن „melken“.

S.

Ind. Präs. sing. 1. *mîdûshâm.*
Part. Prät. *dûshî.*

M.

Imper. *vą-dûsh.*
Ind. Präs. sing. 1. *mîdûshóm.*
Part. Prät. *dûshî.*

ديدن „sehen“.

S.

Ind. Präs. sing. 1. *mîbonâm.*
2. *mîbonâi.*
3. *mîbînt.*
plur. 1. *mîbonûm.*
2. *mîbonî.*
3. *mîbonân.*

Konj. Präs. sing. 2. *bénishî*[1]).
Part. Prät. *dî*.
Perf. sing. 1. *om-dîdä*.

P.

Konj. Präs. plur. *bînishûm*[1]).

M.

Imper. sing. *bébin*.
Ind. Präs. sing. 1. *mîbänóm*.
2. *mîbänéi*.
3. *mîbî*.
plur. 1. *mîbänúm*.
2. *mîbänîn*.
3. *mîbänän*.
Konj. Präs. plur. 1. *bénishûm*[1]).
Part. Prät. *dî*.

B.

Konj. Präs. sing. 1. *bébinom*, *bînom*.
2. *bébina*; neg. *näbina*.
Part. Prät. *dî*.
Perf. sing. 3. *ish-dîta*.

رفتن „gehen" (in allen Dialekten statt des Stammes *rav* der alte Stamm *shu*).

S.

Imper. sing. *búshu*, *shu*, *búrshu*.
plur. *béshî*.
Ind. Präs. sing. 1. *mîshâm*.
2. *mîshâi*.
3. *mîshâ*.
plur. 1. *mîshúm*.
2. *mîshî*.
3. *mîshân*.

Konj. Präs. sing. 1. *úshäm*.
2. *úshâi*; neg. *näshâi*.
3. *búshû*; *näshû*.
plur. 1. *úshûm*, *búshûm*.
Prät. sing. 1. *bíshtäm*.
2. *bíshtâi*.
3. *bushú*, *shu* [*mîshú* = میرفت].
plur. 1. *bíshtûm*.
2. *bíshtî*.
3. *bíshtän*, *bishtîn*; neg. *näshtän*.
Perf. plur. 3. *bishísän*.
Plsperf. plur. 3. *bishísädän*.

P.

Ind. Präs. plur. 1. *mîshúmî*.
Konj. Präs. sing. 1. *béshäm*.
2. *béshêi*.
plur. 1. *búshûm*.
Imperf. sing. 3. *míshó*.

M.

Imper. sing. *úshû*, *búshû*.
plur. *húshîn*.
Ind. Präs. sing. 1. *mîshóm*.
2. *mîshêi*.
3. *mîshú*.
plur. 1. *mîshúm*.
2. *mîshîn*.
3. *mîshän*.
Konj. Präs. sing. 1. *húshom*.
2. *húshêi*.
3. *húshû*.

[1]) Gehört wohl sicher zu $\sqrt{akhsh}$ + *ni*; vgl. mittelpers. *nîyashând* in den Manichäer-Texten (F. W. K. Müller II, Seite 20, letzte Zeile).

plur. 1. *húshûm.*
2. *húshîn.*
3. *húshän.*
Prät. sing. 1. *úshtäm, óshtäm.*
2. *ushtéi.*
3. *ushtín (räft)*
[*mîshú* = میرفت].
plur. 1. *úshtûm.*
2. *úshtîn.*
3. *úshtän, húshtän.*
Perf. sing. 1. *ushtâsạm.*
2. *ushtäséi.*
3. *ushtâsâ.*
plur. 1. *ushtâsûm.*
2. *ushtâsîn.*
3. *ushtâsän.*
B.
Imper. sing. *húshû (bérô).*
plur. *húshî(t), béshî(t).*
Ind. Präs. sing. 1. *mîshóm.*
2. *mîshá.*
3. *mîshú.*
plur. 1. *mîshúm.*
2. *mîshî(t).*
3. *mîshín.*
Konj. Präs. sing. 1. *húshom.*
2. *húsha, bésha; béshäî.*
3. *húshû.*
plur. 1. *húshûm.*
2. *húshî(t).*
Prät. sing. 2. *bíshta, ishtâî.*
3. *bushú, bushúî*
[*mîshúî* = میرفت].
plur. 1. *ishtúm.*
3. *ishtín, bishtín.*

Perf. (oder Plsqperf.?)
sing. 1. *ishtísạm.*
3. *ishtísa.*
plur. 1. *ishtísûm.*

ریختن „gießen, schütten“.

S.
Ind. Präs. sing. 1. *mîrizâm.*
Part. Prät. *rikht, riht.*

P.
Plsqperf. sing. 3. *ish-ríkhtä bî.*

M.
Imper. sing. *bériz.*
Ind. Präs. sing. 1. *mîrizóm.*
Part. Prät. *rikht.*

B.
Imper. sing. *bériz.*
Konj. Präs. sing. 2. *bâriza.*
Part. Prät. *rikht, riht.*
Perf. sing. 3. *ish-ríhta.*

زدن „schlagen“.

S.
Imper. sing. neg. *mâzu.*
Ind. Präs. sing. 1. *mîzâm.*
2. *mîzái.*
3. *mîzâ.*
Konj. Präs. plur. 3. *bézän.*
Part. Prät. *zä.*
Perf. sing. 3. *ish-zísâ, ish-zâsâ.*

M.
Imper. sing. *bézî;* neg. *mâzî.*
plur. neg. *mâzänîn.*
Ind. Präs. sing. 1. *mîzänóm.*
2. *mîzänéi.*
3. *mîzí.*
plur. 1. *mîzänúm.*
2. *mîzänín.*
3. *mîzänän.*

Part. Prät. *zä.*
Perf. sing. 3. *ish-zädâsâ.*
B.
Imper. sing. *bézäsh* (=pers. بزنش); *bâzän.*
Ind. Präs. sing. 3. *mîzî.*
Konj. Präs. plur. 1. *bézänûm.*
Part. Prät. *zä, zâî.*
Perf. sing. 3. *ish-zâîyä.*

ستادن „nehmen“.
S.
Imper. sing. *úso, vo̊so.*
Ind. Präs. sing. 1. *vo̊-mîsunâm.*
2. *vo̊-mîsunâi.*
3. *vo̊-mîsónt.*
plur. 1. *vo̊-mîsunúm.*
2. *vo̊-mîsunî.*
3. *vo̊-mîsunân.*
Konj. Präs. sing. 1. *úsunäm.*
3. *vo̊-sont, vo̊-so.*
Part. Prät. *isâ, vo̊sâ.*
Perf. sing. 3. *ish-vo̊sâdäm* = np. از من گرفته است
B.
Imper. *úsâ, úsân.*
Part. Prät. *isäî, vo̊säî.*

سوختن „brennen“.
S.
Ind. Präs. sing. 1. *mîsuzâm.*
2. *mîsuzâi.*
3. *mîsuzâ.*
plur. 1. *mîsuzúm.*
2. *mîsuzî.*
3. *mîsuzân.*
Prät. sing. 1. *sôhtäm.*
2. *sôhtâi.*
3. *sôht.*
plur. 1. *sôhtûm.*
2. *sôhtî.*
3. *sôhtän.*
P.
Präs. sing. 1. *mîsuzäm.*
Prät. sing. 1. *sôhtämî.*
M.
Ind. Präs. sing. 1. *mîsûzóm.*
Prät. sing. 1. *súkhtäm.*

شايد „es ist möglich“. siehe توانستن

شدن „werden“.
S.
Ind. Präs. sing. 1. *vo̊mbâm.*
Konj. Präs. sing. 1. *béshäm* [zweifellos schriftpersisch!]
3. *vo̊bû.*
plur. 1. *âbûm.*
Prät. sing. 1. *vo̊bíðäm.*
2. neg. *o̊-nâbidâi.*
3. *(v)o̊bî.*
plur. 3. *o̊bídän.*
Plsqperf. plur. 3. *o̊bîsâyän.*
P.
Imper. sing. *o̊bä.*
Prät. plur. 1. *vo̊bíðûm.*
Perf. sing. 3. *vo̊bídä.*
M.
Imper. *o̊bí.*
Ind. Präs. sing. 1. *vo̊mbúm.*
Konj. Präs. sing. 2. *o̊bî.*
3. *vo̊bu.*
Prät. plur. 3. *vo̊búdän.*
Plsqperf. sing. 3. *vo̊búdäsâ.*
plur. 3. *vo̊búdäsin.*

B.

Imper. plur. *vą̂bî.*

Ind. Präs. sing. 1. *ą̂mîbám*;

neg. *ą̂nimîbą̂m.*

2. *ą̂mîbá.*

3. *(v)ą̂mîbú.*

plur. 3. *vą̂mîbin.*

Konj. Präs. sing. 1. *vą̂bäm.*

3. *béshû* [sicher schrift-persisch].

Prät. sing. 3. *ą̂bî*; *ą̂mîbî* = pers. میشد

plur. 1. *vą̂bíδûm.*

3. *ą̂bíδin, ą̂bíδän.*

Perf. sing. 3. *vą̂bíδa.*

Plsqperf. sing. 1. *vą̂bíδisąm.*

2. *vą̂bíδisa.*

3. *vą̂bíδisâ.*

plur. 1. *vâbíδisûm.*

شکستن „zerbrechen“.

(Der Unterschied zwischen شکستن (intrans.) und شکاندن (trans.) ist auch im Schriftpersischen jetzt verwischt).

S.

Ind. Präs. sing. 1. *mishkänâm.*

Prät. sing. 1. *mum ishkänî* (trans.).

Part. Perf. *ishkäsâ.*

P.

Part. Perf. *shikäsâ.*

M.

Ind. Präs. sing. 1. *mîshkänóm.*

Prät. sing. 1. *mim äshkúnd* (trans.).

Part. Perf. *shikäsâ, ishkäsâ.*

B.

Imper. sing. *béshka* (trans.).

Imperf. sing. 3. *ish-mîshkänî* (trans.).

Prät. sing. 2. *it-ishkûn* (trans.).

شمردن „zählen“.

S.

Imper. *bíshmâr.*

Part. Prät. *ishmúrd.*

Perf. sing. 2. *it-ishmúrdi.*

M.

Imper. *bíshmâr.*

Part. Prät. *ishmúrd.*

شناختن „kennen“.

S.

Ind. Präs. sing. 2. *mîshinasâi.*

B.

Part. Prät. *shinâkht.*

شنیدن „hören“.

S.

Imper. *bíshnuf.*

Ind. Präs. sing. 1. *mishnufâm.*

2. *mishnufâi.*

3. *mishnufí.*

plur. 1. *mishnufûm.*

2. *mishnufî*

3. *mishnufân.*

Part. Prät. *ishnúft.*

Plsqperf. sing. 1. *mum ishnúfsâ.*

P.

Plsqperf. sing. 3. *ishnuftâbîsh.*

M.

Imper. sing. *béshnuf.*

plur. *béshnufîn*

Ind. Präs. sing. 1. *mîshnofóm.*

Prät. sing. 1. *mi-m-äshnúft.*

Perf. sing. 1. *mi-m-äshnúftin.*
Plsqperf. sing. 3. *sh-ishnúftäsâ.*

شستن „waschen“.

B.

Imperf. sing. 3. *khúshish mîshúsht* خودرا میشست.

فرستادن „schicken“ wird in den Dialekten meist umschrieben: *bisi kirdân.*

S.

Ind. Präs. sing. 1. *mê'ärisâm.*
Part. Prät. *ê'ärisi.*

فرمودن „befehlen“.

S.

Part. Prät. *färmi.*

M.

Part. Prät. *färmú.*

فروختن „verkaufen“.

S.

Ind. Präs. sing. 1. *mê'ärshâm,* neg. *nimê'ärshäm.*
Prät. sing. 1. *om-ôurút.*

B.

Ind. Präs. sing. 3. *mî'äräshi.*

کردن „machen“.

S.

Imper. sing. *béku;* neg. *mäku.*
Ind. Präs. sing. 1. *mîkunäm(î).*
2. *mîkundi.*
3. *mîkón(t).*
plur. 1. *mîkunúm;*
neg. *nimîkunûm.*
2. *mîkuni.*
3. *mîkunân.*
Konj. Präs. sing. 1. *búkunäm.*
3. neg. *näkont.*

Part. Prät. *ki.*
Perf. sing. 1. *om-kirdi.*
Plsqperf. sing. 3. *ish-kirsâ, shä kirsäyäm* „er hat mir gemacht“.

P.

Ind. Präs. sing. *mîkonâm.*
Konj. Präs. sing. 1. *békonäm.*
plur. 3. *békonän.*
Part. Prät. *ki.*
Perf. sing. 1. *om-kirda.*
Plsqperf. sing. 3. *ish-kirdä bî.*

M.

Imper. sing. *béku, ku.*
Ind. Präs. sing. 1. *mîkunóm.*
2. *mîkunêi.*
3. *mîkú.*
plur. 1. *mîkunúm.*
2. *mîkunín.*
3. *mîkunân.*
Konj. Präs. sing. 1. *békunom, kunóm.*
3. *békû.*
Part. Prät. *ki.*
Perf. sing. 1. *om-kirda, om-kirdän.*
Plsqperf. sing. 3. *ish-kirdisâ, kirdäsâ.*

B.

Imper. sing. *béku, békô, bâkun.*
plur. neg. *mäkunî.*
Ind. Präs. sing. 1. *mîkunóm.*
2. *mîkuná.*
3. *mîkú.*
plur. 1. *mîkunúm.*
3. *mîkunín.*

Konj. Präs. sing. 1. *bắkunom.*
2. *bắkuna.*
3. *bắkû.*
plur. 1. *bắkunûm.*
2. *bắkunî.*
3. *bắkunin.*
und: Konj. Präs. sing. 1. *bắnom.*
plur. 1. *bắnûm.*
2. *bắnî(t).*
3. *bắnin.*
Part. Prät. *ki, kird.*
Perf. sing. 3. *ish-kírda.*

کشتن „säen, pflanzen".

S.

Imper. *búkâl.*
Part. Prät. *kishtâ.*

کشتن „töten".

S.

Imper. sing. neg. *mâkush.*
Ind. Präs. sing. 1. *mîkushâm.*
2. *mîkushâi.*
3. *mîkushi.*
plur. 3. *mîkushin.*
Konj. Präs. sing. 2. *búkushâi.*
3. *búkushi.*
Part. Prät. *kusht.*
Plsqperf. plur. 3. *shû-kúshsäyäm* „sie hatten mich getötet".

M.

Imper. sing. neg. *mâkush.*
Ind. Präs. sing. 1. *mîkushóm.*
2. *mîkushêi.*
3. *mîkushä.*
plur. 1. *mîkushúm.*
2. *mîkushín.*
3. *mîkushän.*

Konj. Präs. sing. 3. *békushä.*
plur. 2. *békushîn.*
Part. Prät. *kusht.*
Plsqperf. sing. 3. *ish-kúshtäsâ.*

B.

Imper. sing. *békush.*
Ind. Präs. plur. 1. *mîkushúm.*
3. *mîkushín.*
Konj. Präs. sing. 3. *békushi;*
neg. *nắkushi.*
plur. 1. *békushûm.*
Part. Prät. *kusht.*
Perf. sing. 3. *ish-kushtä.*

کندن „ausraufen".

B.

Imper. sing. *békän.*

گذاشتن „zulassen; hinlegen".

S.

Imper. *bêhil.*
Prät. sing. 3. neg. *ish-nắ alêsht.*

M.

Ind. Präs. sing. 1. *mîlóm.*
2. *mîlêi.*
3. *mîlä.*
plur. 1. *mîlúm.*
2. *mîlín.*
3. *mîlän.*
Prät. sing. 1. *om-lísht* „ich legte hin".

B.

Prät. sing. 2. neg. *tút-nắlêsht* „du ließest nicht zu".
3. neg. *ish-nähêsht.*
plur. 1. neg. *ómû-nắlêsht.*

گردیدن „umhergehen".

S.

Ind. Präs. sing. 1. *mîgärdâm.*
2. *mîgärdâi.*
3. *mîgärdi.*
plur. 1. *mîgärdúm.*
2. *mîgärdî.*
3. *mîgärdân.*

Konj. Präs. plur. 1. *vå-gärdúm* „daß wir umkehren".

Prät. sing. 1. *gíshtäm.*
3. *vå-gísht.*
plur. 1. *vå-gíshtûm.*
3. *vå-gíshtän.*

Perf. sing. 3. *gíshtä.*

M.

Ind. Präs. sing 2. *vå-mîgärdêi.*

Prät. sing. 3. *gäsht.*

B.

Prät. sing. 3. *vå-gâsht.*
plur. 1. *vå-gíshtûm, vå-gâshtûm.*

گرفتن „ergreifen, nehmen".

S.

Imper. sing. *bia.*

Ind. Präs. sing. 1. *mîgîrâm.*

Konj. Präs. sing. 3. *bégî.*
plur. 3. *bégîrin.*

Part. Prät. *girí.*

M.

Imper. sing. neg. *mâgî.*

Ind. Präs. sing. 1. *mîgîróm.*

Konj. Präs. plur. 3. *bégîrän.*

Part. Prät. *girí, girít.*

B.

Imper. sing. *bágî.*

Ind. Präs. sing. 3. *mîgî.*

Konj. Präs. plur. 1. *bâgîrûm.*
3. *bâgîrin.*

Part. Prät. *girít.*

Perf. sing. 3. *ish-girúta.*

گریختن „fliehen".

B.

Prät. sing. 3. *gurúkht.*

گفتن „sagen".

S.

Imper. sing. *búgu.*
plur. *bégî.*

Ind. Präs. sing. 1. *mîgâm.*
2. *mîgâi.*
3. *mîgä.*
plur. 1. *mîgúm.*
2. *mîgî.*
3. *mîgân.*

Konj. Präs. sing. 1. *bégäm.*

Part. Prät. *gu.*

P.

Ind. Präs. sing. 1. *mîgâm.*

Plsqperf. sing. 3. *guftâbîsh.*

M.

Ind. Präs. sing. 1. *mîgóm.*
2. *mîgêi.*
3. *mîgú.*
plur. 1. *mîgúm.*
2. *mîgîn.*
3. *mîgân.*

Part. Prät. *gu.*

B.

Imper. sing. *bégû.*
plur. *bêgû'î(t).*

Ind. Präs. sing. 1. neg. *nímîgûyom.*
plur. 2. *mîgú'î(t).*
3. *mîgûyin.*

Konj. Präs. sing. 2. *bégûya, bé-gôî, bégûî.*
Part. Prät. *gô, gôt.*
Perf. sing. 1. *om-góta.*
3. neg. *ish-năgôta.*
Plsqperf. sing. 3. *ish-gótä-bî.*

ماندن „bleiben".

M.

Prät. (Perf.?) sing. 3. *múndin.*

B.

Imper. sing. *bémûn.*

مردن „sterben".

S.

Ind. Präs. sing. 1. *mîmärâm, mîmîrâm.*
plur. 3. *mîmîrân.*
Prät. sing. 1. *múrdäm.*
3. *murd.*
Konj. Perf. sing. 3. *mursâ-bû* = np. مرده باشد

M.

Ind. Präs. sing. 1. *mîmîróm·*
Prät. sing. 1. *múrdom.*

B.

Konj. Präs. sing. 3. *bâmî.*
Prät. sing. 1. *múrd$_a$m.*
3. *murd.*
Perf. sing. 3. *múrdin.*

نشاندن „einpflanzen".

S.

Ind. Präs. sing. 1. *vḁ-mîshäyâm.*
Part. Prät. *vḁ-shêi.*

نشستن „sich setzen".

S.

Imper. sing. *ûnî.*
plur. *ûnäyî.*

Ind. Präs. sing. 1. *mûnêâm, mîneâm.*
2. *mînêâi.*
3. *mînî.*
plur. 1. *mînäyûm.*
2. *mînäyî.*
3. *mînäyân.*
Prät. sing. 1. *shḁsäm.*
2. *shḁsâi.*
3. *shḁs.*
plur. 1. *shḁsûm.*
2. *shḁsî.*
3. *shḁsän.*
Perf. sing. 3. *shḁsi, shḁsä, shḁso.*
plur. 3. *shḁsäyän.*
Plsqperf. sing. 3. *shḁsädä.*

P.

Imper. sing. *ûnî.*
Ind. Präs. sing. 1. *mînî^{y}âm.*
2. *mînîyêi.*
3. *mînî.*
plur. 1. *mînîyûm.*
3. *mînîyân.*
Prät. sing. 1. *shḁsäm.*
2. *shḁsêi.*
3. *shḁs.*
plur. 1. *shḁsûm.*
3. *shḁsän(î).*
Plsqperf. sing. 3. *shḁsä bî.*

M.

Imper. sing. *húnî.*
plur. *húnîyîn.*
Ind. Präs. sing. 1. *mînîyóm.*
2. *mînîyêi.*
3. *mînîyâ.*

plur. 1. *mînîyúm.*
2. *mînîyín.*
3. *mînîyän.*
Konj. Präs. sing. 1. *húnîyom.*
Prät. sing. 1. *shâsom.*
2. *shâsêi.*
3. *shâs.*
plur. 1. *shâsûm.*
2. *shâsîn.*
3. *shâsän.*
Perf. (oder Plsqperf.?) sing. 1. *shäsâsâm.*
Plsqperf. plur. 3. *shâsâ budän* (schriftpersische Form!).

B.

Imper. plur. *húnî.*
Prät. sing. 3. *shạs(t).*
plur. 3. *shạsin.*
Perf. sing. 3. *shạstin.*

نهادن „setzen, stellen, legen".

S.

Ind. Präs. sing. 1. *min^e sâm.*
3. *min^e sâ.*
Part. Prät. *nâ.*

P.

Imper. sing. *úna.*
Ind. Präs. sing. 1. *mînisâm.*
Part. Prät. *nádä.*
Prät. sing. 1. *nâm.*

M.

Imper. sing. *húnis.*
plur. *húnisîn.*
Ind. Präs. sing. 1. *mînisóm.*
2. *mînisêi.*
3. *mînisâ.*
plur. 3. *mînisân.*
Part. Prät. *lisht, nihâ.*

B.

Imper. sing. *húni.*
Ind. Präs. sing. 3 *mînisí.*
Part. Prät. *nâ, nihâ.*

نوشتن „schreiben".

S.

Part. Prät. *nivísht.*
Perf. 3. sing. *ish-nivíshti.*

B.

Imper. *bénivîsä.*
Ind. Präs. sing. 1. *mînivîsóm.*
3. *mînivîsí.*
Perf. sing. 1 *om-nivíshta.*

III.
Causativa und Denominativa.

افشردن „auspressen".

S.

Präs. sing. 1. *mîaushänâm.*
Part. Prät. *aushänî.*

برشتن „braten".

S.

Präs. *mîbirshänâm.*
Part. Prät. *birshänî.*

M.

Präs. *mîbirshänóm.*
Part. Prät. *birshôn(t).*

پراندن „fliegen machen".

B.

Part. Prät. *pärún(d).*

جنبانیدن „wackeln machen“.

B.

Ind. Präs. sing. 3. *mîjimänî*.

چرانیدن „weiden“ (transitiv).

B.

Imperf. sing. 3. *ish-mîcärånd*.

چکانیدن „werfen, schießen“.

S.

Part. Prät. *cikänî*.

خوابانیدن „sich hinlegen lassen“.

M.

Imper. *búkhôsän*.

Part. Prät. *khôsúnd*.

راندن „treiben, in Bewegung setzen“.

S.

Part. Prät. *run*.

B.

Part. Prät. *rônd*.

سوزاندن „verbrennen“.

S.

Ind. Präs. sing. 1. *mîsuzänâm*.

Part. Prät. *suzänî*.

غرانیدن „brüllen“.

S.

Prät. sing. 3. *uzh-ghuränî*.

گردانیدن „umkehren machen“.

S.

Part. Prät. *gärdänî*.

M.

Ind. Präs. sing. 1. *mîgärdänóm*.

Part. Prät. *gärdônt*.

B.

Part. Prät. *gärdûn*.

F. Konjunktionen.

An Stelle des schriftpers. که haben die Dialekte *tâ*, z. B. S. in Erz. VI. Auch im mündlichen Gebrauch der Schriftsprache wird dieses *tâ* vielfach statt des schriftgemäßen که angewendet.

G. Präpositionen.

1. Zu den in der Schriftsprache gebräuchlichen alten Präpositionen kommt in den Mundarten noch *ạ* = altem *abhi*. Dieses *ạ* wird sehr häufig dem von ihm regierten Nomen postponiert, sogar wenn das von ihm abhängige Wort ein durch die Suffixform ausgedrücktes Pronomen personale ist.

Z. B.: S. *hûc gäpshä mäzu* „sprich kein Wort zu *(ä)* ihm *(sh)*.“

B. *shûạ mîgûyin* „man sagt zu *(ạ)* ihnen *(shû)*“.

M. *yä pîâdäye dîâshä räsî* = schriftpers. یک پیاده دیگر به او رسید (*-shä* = به او).

S. *särmâ mûä minᵉsä* „die Kälte legt sich auf (*-ä*) uns (*mû*)“ = schriftpers. سرما به ما مینهد.

Auch das schriftpersische از ist manchmal zu *ą* verkürzt, und als Postposition gebraucht:

B. *sä tâ pursî-ki pâdishâ ishą ki* „die drei Fragen, welche der König ihm (*ą -sh* = *ishą*) stellte“ = schriftpers. سه تا پرسشیکه پادشاه از او کرد

Ebenso, als Postposition, ist *ą sî*, der dialektische Ausdruck für schriftpers. از برای, gebraucht in:

B. *tâ tą sî begûyom* = schriftpers. تا از برای تو بگویم

Vokabular.

Vorbemerkung. Im folgenden sind einige Vokabeln aus den Mundarten von Somghûn, Pâpûn, Mâsärm und Bûriñgûn zusammengestellt, die mir in irgend einer Beziehung bemerkenswert erschienen, sei es auch nur, daß sie, wie z. B. *khûrä* „Satteltasche", aus der heute gesprochenen Schriftsprache verschwunden sind, obwohl sie sich in den Ferhengen und der Literatur nachweisen lassen. Die meisten stammen aus den von mir für die einzelnen Dialekte abgefragten Wortsammlungen; doch sind einige auch den weiter unten folgenden Texten entnommen. Im allgemeinen ist die Auswahl auf solche Worte beschränkt, die entweder der Schriftsprache gänzlich fehlen, oder deren Form von der schriftpersischen abweicht.

Die Anordnung geschah nach dem deutschen Alphabet. Die langen und kurzen Vokale sind hierbei als gleichwertig behandelt, ebenso ist kein Unterschied gemacht zwischen *â*, *ḁ̂*, *a*, *ä* und *ạ*. Die Buchstaben *gh* (غ), *kh* (خ) und *sh* (ش), sind hinter *g*, *k* und *s* als besondere Abschnitte eingefügt.

â, a, ä.

äbrî M. Augenbraue.

ajûz S. aufgehängt, *ajûz mîkonäm* „ich hänge auf."

âlî M. Pflaume.

arîs M. Braut.

äshk S. Spiel.

b.

bâhändâ B. S. Vogel.

bâl S. oben; *bushû a bâl* „ging in die Höhe."

bärd S. M. B. Stein; wie im Kurdischen.

bärî M. Eiche.

bärm S. P. Teich.

bärûn B. *ish-bärûn* „er warf."

bạvḁ̂ M. (u. a.) Vater.

bêr, *bir* B. bei, an.

bisî kirdän B. M. (u. a.) schicken.

bujî S. Schoßhund.

bunî M. Linse.

buñkû S. Zeltgenossenschaft, Familie; wohl = بنگاه.

bur B. *tâshish bur ki* „er machte Feuer an".

c.

(ạ) câl kirdän B. ausspüren.

cikänî S. *ish-cikänî* er schoß ab; = schriftpers. چکاندن?

cîläk S. Stöckchen.

cish M. Auge.

cû B. Holz.
cûî B. hölzern.

d.

dä S. d. andere.
dädạ̊ M. Schwester.
dạ̊î M. S. Mutter.
dạ̊r S. M. P. B. Baum.
därz S. Mitte.
dîä, *dîyâ* S. M. B. d. andere.
dîd, M. Rauch.
dîg S. P. (auch schriftpers.) gestern.
dîgnâ M. gestern.
dilâk-e-pạ̊ M. Wade.
dîmdạ̊ B. hinterdrein.
dîr M. (u. a.) weit.
dô(h)t M. Tochter.
dôt S. B. Tochter.
dûâr S. Berg.
dûmạ̈n S. M. unten, hinab.
dûsh S. B. gestern abend.
dushnâ M. gestern abend.

f.

fôiz B. Herbst.

g.

gäftâr B. größer, älter.
gâhäs M. vielleicht; = schriftpers. گاه است.
gäp 1. groß, erwachsen M.
2. Wort, Rede S. B.
girân S. Flanken, Schultern eines Tieres.
girâz B. Eber.
girimbâ S. Brummen.
gur S. Gipfel (e. Berges), (Baum-) Spitze.
gurjâ M. unreife Pflaume (auch schriftpers.)
gushnâ S. (u. a.; auch schriftpers.) hungrig.
gut P. S. B. groß, tief.
gutâr S. بزرگتر.
gûzäk M. Knöchel am Fußgelenk.

gh.

ghîz B. Springen; schriftpers. خیز
ghûrâ M. Waise.
ghurtärâgh M. Donner.

h.

häkäl M. Pilz.
hạ̊r S. tapfer.
hîmâ S. M. P. B. Brennholz (auch schriftpers.)

i.

idbâr S. faul; *idbârî* S. Faulheit.

j.

jạ̈bâl S. Wald.
jänjâl B. Menschenansammlung, Auflauf.
jävzâl B. Graben.
jîrâ S. Winseln.
jû, *jûkh* B. Graben.
julbän S. Kleider.

k.

kâb-e-pänjâ M. Fingergelenk.
käcâ M. Kinn.
kakạ̊ M. (u. a.) Bruder.
käl in: *tufäñg-e-kâl* S. Büchse mit Feuersteinschloß.
kälạ̈ B. oben, Höhe.
käläk M. Sohn.

kämcâ S. soll nach Angabe des Gewährsmannes „Löffel“ bedeuten; vielleicht ist es Diminutiv zu كم „wenig“.
käñgûl B. Keschkul der Derwische.
käñjîl M. Ellenbogen.
käp S. Rachen; Hinterhand.
kärzi, ish-kärzi S. er schoß; = schriftpers انداخت.
käshâ S. (auch schriftpers.) Mal. *yä käshâ* mit einem Male.
kilîl M. Schlüssel.
kir S. B. (u. a.), Versteck, versteckt.
kûl B. (u. a., auch schriftpers.) Schulter, Schulterlast.

kh.

khâg S. Ei.
khâkäcâlä M. Aschenhaufen.
khâli S. großer (Vorsteh-) Hund.
khärbîzâ M. Melone.
khäs M. Hof.
khâyä M. Ei.
khûrâ M. Satteltasche (auch schriftpers.)
khurmûr M. Birne.

l.

lär B. mager.
lâs S. B. weiblich (von Tieren.)
läsh S. Körper, Leichnam.
lät B. Seite.
lätâ S. Feldstück, Beet.
lêsht, ish-lêsht B. er setzte, legte, stellte.
liñgâ S. (u. a.) Seite, Hälfte bes. des Satteltaschenpaares.
lisht, ish-lisht M. er setzte, legte, stellte.
lô M. viel, häufig.
luñg B. Rasierserviette (auch schriftpers.)

m.

mäläci S. Birne.
mälûs S. schön.
mär B. Eiche.
mâzâ B. Nacken.
mî M. Haar.
mird M. Mann.
mizhgûn M. Wimpern.
mucädâs M. Handgelenk.
muf B. Rotz.
murv B. Huhn.
murvâk B. Hühnchen.

n.

nänâ B. (u. a.) Mutter.
närtâ M. Eber.
nihâ B. (u. a.) vorn.
nôk B. Spitze (einer Nadel usw.)

o.

ôurâz M. Berghang (cf. mukrî *haurâz*).

p.

pąh B. Kleinvieh.
pąîdän B. warten.
pâîsh B. hinten, hinter.
pâr S. (u. a.) vergangenes Jahr.
pärîgênạ M. vorgestern.
päsîn B. Nachmittag, Abend.
pati B. leer.
pątîl B. Topf.
pîri S. vorgestern.
pîrîyâr M. vorvergangenes Jahr.

pishk S. zersprengt, zerrissen, erklärt = türk. داغون von داغنمق

pûk B. hohl.

q.

qâtúkh B. Zuspeise (türkisch).

r.

räsht M. Asche.

rûdär M. Leber.

ruz B. Weinstock.

s.

säbá M. B. (u. a.) morgen.

säfrá M. Galle.

sí S. M. P. B. wegen.

sîlákh M. Loch.

sub B. morgen.

sung M. junges Wildschwein.

sh.

shí M. Gatte.

shiftâlí M. Pfirsich.

shîlä B. Suppe.

shîlún S. B. Küche.

shîv B. unten, unter.

shô B. unter.

shû'á S. Hose; شلوار

t.

tä S. Fieber.

täl S. Beuteanteil.

tänkhá S. Vieh.

täsh S. (u. a.) Feuer.

tâshe bärq M. Blitz.

tâtä B. Onkel.

tít M. Maulbeere.

tôu: tôu vâbí S. er floh.

tôu vâbidúm P. wir passierten (den Fluß).

tul S. Kopf.

tulmâye dâr S. Gezweige des Baumes.

tûm B. Fett.

tur: bíshtäm a túrish S. B. ich ging ihm nach.

a tur âbí S. er stürzte herab.

u.

ul S. (u. a.) hinauf (cf. mittelpers. *ul* in den Manichäertexten).

úlu S. = schriftpers. پا شو „stehe auf".

usbúl M. Milz.

v.

värzá M. Ochse.

vazinä S. schön, edel; *äsp-e-vazinä* S. edle Perde.

y

yäkúdom S. mit einem Male, zusammen.

z.

zâní M. Knie.

zärdâlí M. Aprikose.

zil P. schlau.

M. schnell.

B. gesund.

zur S. Drehung.

zur dâdän S. hin und her drehen.

TEXTE

I. Somghûnî.

I.

1. här ci gắp mîzâî, hämắsh durûgh-än.
2. hämắ märdúm mîmîrắn.
3. î shutúriki dắme khûnắ khaftî, hämắsh ắne mḁn.
4. tu kắyâi?
5. cí tä nûmän?
6. khûnắye mú hûc äyyắle khúrdom nî, hämắ gút ḁbîsắyän.
7. mú kushtắ vḁmbắm.
8. û âdắm ush-mắ mú búkushi.
9. „ „ „ búkushyäm.
10. „ „ „ tú búkushi.
11. „ „ „ búkushät.
12. nû mắdä, gushnắmän, om-mắ békhorämäsh.
13. sắbr búku (béku), ki om-mắ hämrắt bế(y)äm a shắ'er.
14. îä mắkush, ci gunắhîsh hắn?
15. ûnắ mắzu, ki hûc gunắhîshûn nî.
16. î âdắm kắyän?
17. î härûmzâdắyo hûc gắpshä mắzu!
18. î juvûn ki mắmû dídä, äz ahämắ mälûstắr-än.
19. lailắ mälûstắr äz bîbî khânúm-än.
20. púse tú äz hämắ bäcäyắl ädắbush bihtắr-än.
21. mâ îồắmu kújâ säyûm?
22. û púsu cắn sắlishän?
23. a mắ î gäpgắlo mắzu.
24. tu sîcắ ite-mắ mu búkushâi? hûc pûlom vḁ nî.
25. kyắ bếäm a khizmắte tú?
26. här gắ färmâyísh mîkunắi, tâ bế(y)äm.
27. î dú tâ sắgu näkhắshishän, búkushush.

28. åspe mu zîn ku.
29. hår kujå bíshtûm, shikåle khû bî.
30. ûcíkî dîg bíδûm, jäbålish bisyår bî.
31. a kåmû vilåt mänzílitän?

Übersetzung.

1. Alles was du sagst, ist Lüge.
2. Alle Menschen sterben.
3. Die Kamele, welche bei dem Hause lagern, sind alle meine.
4. Wer bist du?
5. Welches ist dein Name?
6. In unserem Hause habe ich keine kleinen Kinder, alle sind groß geworden.
7. Ich werde getötet werden.
8. 9. Dieser Mensch will mich töten.
10. 11. Dieser Mensch will dich töten.
12. Gib mir Brot, mir ist hungrig, ich will es essen.
13. Warte, denn ich will mit dir nach der Stadt kommen.
14. Töte diesen nicht, was hat er für eine Schuld?
15. Schlage jene nicht, da sie keine Schuld haben.
16. Wer ist dieser Mensch?
17. Sprich mit diesem Lumpen kein Wort!
18. Jener Jüngling, den wir gesehen haben, ist schöner als Ahmed.
19. Leila ist schöner als Bibi-Khanum.
20. Dein Sohn ist wohlerzogener als alle Kinder.
21. Wo sind wir jetzt?
22. Wie alt ist jener Knabe?
23. Sprich zu uns diese Worte nicht.
24. Warum willst du mich töten? Ich habe kein Geld.
25. Wann soll ich zu dir kommen?
26. Wann du befiehlst, will ich kommen.
27. Diese beiden Hunde sind krank, töte sie.
28. Sattele mein Pferd.
29. Wohin wir auch gingen, es war gute Jagd.
30. Da, wo wir gestern waren, war viel Wald.
31. In welchem Lande ist dein Wohnort?

II.

Yä shîrâzî a isfahûn a̤ndísa, shishnúf-sâ, ki unjá jîbbúr bisyár hän. cînî khurdá mísle pûl izh-durús kírsâ, a tî jîbe khúsh ish-kírsâ, hár-rû a tî ba̤za̤r ä ráh mîshú; ish-mêi ki yä jîbbúr jîbish búburrä ki gûl búkhu päshîmûn a̤bu. hûc ká jîbe ôi ish-nâburrî. yä rûzî bâ cän tâ isfahûnî sha̤sädä, izh-gú: „mum ishnúf-sâ ki isfahûn jîbbúr färá'ûnän; î dám muddátî-än ki pur jîbom pûlom kírdi, hämájâ gíshtäm, hänû shû náshayädá ki jîbom búburrän". yä isfahûnî izh-gú: „ái bädbákht! dáh käshá hár ci a tî jîbe tú bî, mä-dáravu, om-dî tâ hämásh cînî ish-ka̤sa̤n, dú käshá äm-ná tûsh, tu khäbár a̤-nábidâi".

Übersetzung.

Ein Schiraser war nach Isfahan gekommen, hatte gehört, daß dort die Taschendiebe zahlreich sind. Er hatte Porzellanstückchen wie Geldstücke zurecht gemacht, in seine Tasche getan, ging alle Tage im Bazar umher; er wollte, daß ein Taschendieb seine Tasche berauben solle, damit er betrogen würde, es bereue. Niemand beraubte seine Tasche. Eines Tages saß er mit einigen Isfahanern zusammen, sagte: „ich hatte gehört, daß in Isfahan die Taschendiebe zahlreich sind; nun ist es lange her, daß ich meine Tasche mit Geld gefüllt habe; überall ging ich umher, bisher haben sie noch nicht meine Tasche berauben können". Ein Isfahaner sagte: „du Armer! zehnmal holte ich, was alles in deiner Tasche war, heraus, sah, daß alles zerbrochenes Porzellan ist, wiederum legte ich es hinein, du wardst es nicht gewahr".

III.

Rûzî yä âdámî dáh tâ mísh bâ yä kâghízî ish-nivísht, a dáse nûkárosh izh-dá, ki bébä a sî dûsosh. û nûkár yákî äz mîshgál a tî ráh uzh-duzî u núh táye dîá vâ kâghíz izh-bú a pîshe dûse aghásh. vákhtî ki kâghízish ush-khánd, uzh-dî ki dáh tâ mísh ish-nivíshti. míshish ishmúrd: tâ núh tân. äz âdámäkû púrsush kí, ki: „î mîshgálu núh tân". âdám juváb uzh-dá ki: „ci bégäm; núh tâ bû". izh-gú: „där kâghíz dáh tâ ish-nivíshti". báz izh-gú: „cí bégäm; dáh tâ bû." û âdám pîshe khúshush khiyál kí, ki î âdấm âdấme khấrî hän, a tî dấh tâ u núh tâ sấrishä nấmbû. päs ish-mêî ki khûb hâlíe û nûkärä vạbû, ki búdûnt ki núh tâ yâ dấh tâ cíän. dấh tâ äz âdämyấle khúsh búñgish ạkí, ạndín. bo û âdấm izh-gú ki: „înấ bíshmâr.“ nûkấr sh-ishmúrd. púrsish kí, ki: „cấn tâ âdấmin?“ izh-gú: „dấh tâ.“ izh-gú: „bisyấr khûb; î-ðấmo înấ här yấkî yấkî äz î mîshgấlo bégîrin, bén'shî, cấn tâ äz mîshgấl kấmän.“ bấd âdämgấl här yấkî yấ míshishû girí; yấkî dähumí míshish nấbî, ki bégî. û mấrdish a nûkäräkû gú: „sêl búku; âdämgấl dấh tâ säyấn, hấmî zấtî ki khútit ishmurdí; ägấr mîshgấl dấh tâ bî, bâyấd här yấkî yấ míshishû bí; cinín ki ma'lûmän, mîshgấl núh tâ.“ nûkấr dú käshấ izh-gú: „cí bégäm, núh tâ bû.“ izh-gú: „näpấ[1]) sî cí âdấme dähumí míshush ní?“ izh-gú ki: „hấr ki ziríñg bî, yấ míshish girí, û dähumí idbấr bî, uzh-nấgiri; är idbấr nấbî, û ham yä míshish mígiri. yúnä[2]) takhsíre mú ní, takhsíre idbâríe khúsh bî.“

Übersetzung.

Eines Tages gab ein Mann zehn Schafe mit einem Briefe, den er schrieb, in die Hand seines Dieners, daß er sie bringen solle zu seinem Freunde. Jener Diener stahl unterwegs eines von den Schafen und brachte die neun anderen mit dem Briefe zu dem Freunde seines (ihres) Herren. Als er den Brief las, sah er, daß er zehn Schafe geschrieben hat. Er zählte die Schafe, [sah], daß es neun Stück sind. Den Mann fragte er: „diese Schafe sind neun Stück.“ Der Mann antwortete: „was soll ich sagen; mögen es neun Stück sein.“ Er sagte: „in dem Briefe hat er zehn Stück geschrieben.“ Wieder sagte er: „was soll ich sagen; mögen es zehn Stück sein.“ Jener Mann glaubte bei sich, dieser Mann ist ein dummer (eseliger) Kerl, er machte zwischen zehn und neun keinen Unterschied. Also wollte er, daß es jenem Diener gut klar würde, daß er begriffe, was neun oder zehn Stück seien. Er rief zehn von seinen Leuten, sie kamen. Zu jenem Manne sagte er: „zähle diese.“

---

1) In der persischen Volkssprache پس نه im Sinne von „also“.

2) Das ist das dem Lurí eigentümliche Pronomen demonstrativum.

Der Diener zählte. Er fragte: „wieviel Männer sind es?“ Er sagte: „zehn.“ Er sagte: „sehr gut; jetzt sollen diese, jeder einzelne eines von diesen Schafen greifen, daß du siehst, wieviel Stück von den Schafen [zu] wenig sind.“ Hernach nahmen die Leute ein jeder ein Schaf; einer, der zehnte, hatte kein Schaf, daß er es nehme. Jener Mann sagte zu dem Diener: „sieh' her; die Männer sind zehn Stück, wie du selbst gezählt hast; wenn die Schafe zehn Stück wären, so müßten sie, jeder einzelne, ein Schaf haben; also ist klar, die Schafe sind neun Stück.“ Der Diener sagte wiederum: „was soll ich sagen; mögen es neun Stück sein.“ Er sagte: „also warum hat der zehnte Mann kein Schaf?“ Er sagte: „jeder, der flink (klug, stark) war, nahm ein Schaf, jener zehnte war faul, er nahm es nicht; wenn er nicht faul wäre, hätte auch jener ein Schaf genommen. Jenes ist nicht meine Schuld, es war die Schuld seiner eigenen Faulheit.“

IV.

A kûhe dä́shte bä́rm shírishän. cä́n sâl písh äz în yä shíre nä́re gútî be märdúme qâfilä́ hämlä́sh mîkí. yä sâhibmänsä́be firä́ñgî näzík bî ki bédärräsh. shír cä́ñg-ush kärzí, ki kä́pe ä́spush izh-girí. sâhibmänsä́b äz ä́sp ạvạ́s, jä́s, ish-nä́dänî ä́späsh císh ạbí. âkhúr äspäkûshû âvú a mänzíl, zä́khme khêilîsh a dä́m bî. hämí shíre nä́r yä âdä́mî äz îlyä́t ush-kúsht. zill-es-sultûn ki hâkíme isfahûn u fä́rs bí, khalä́t u häzä́r tumä́n be û mä́rde jäñgí än'ä́mish färmí.

Übersetzung.

In den Bergen des Descht-e-berm gibt es Löwen. Einige Jahre vorher griff ein großer männlicher Löwe die Karawanenleute an. Ein europäischer Offizier, es war nahe, daß er ihn zerriß. Der Löwe schlug mit seiner Pranke, daß er die Hinterhand seines Pferdes faßte. Der Offizier fiel vom Pferde, entfloh, er wußte nicht, was aus seinem Pferde geworden ist. Schließlich brachte man das Pferd ins Quartier, viele Wunden waren an ihm. Eben diesen männlichen Löwen tötete ein Mann von den Nomaden. Der Zill-es-sultan, der Gouverneur von Isfahan und Fars war, verlieh jenem tapferen Manne ein Ehrenkleid und 1000 Toman als Geschenk.

V.

Vorbemerkung. Die hier geschilderten Ereignisse haben sich etwa um 1860 abgespielt. Khodâ-käräm Khân war der Kälântär der Kôhgälû Bâvî Rahmädî. Allâh-käräm Khân gehörte ebenfalls dem Kôhgälû-Stamme der Bâvî Rähmädî an. Shärîf Khân war der Chef der Mamassänî Bäkkäsh, der Sohn des berühmten, von Curzon (Persia II, Seite 319) erwähnten Välî Khân. Der Ort der Niederlage des Khodâ-käräm Khân war Abdâlûn, in der Nähe von Khêrâbâd bei Bähbähân.

Khodâ-kärắm khân qorûn durûkh ish-khắ, izh-zắ, allâh-kärắm khân vä mắ'alî khân púsush ish-kúsht, izh-zắ vilấtshush ghârắt kí. hâî-mäddắt-cîn ạmắ a píshe shäríf khân. shäríf khân vä jâví vä dushmänzîârí vä kûhmärrắ shû-kishí, bíshtän a kûmắke shäh-abbắs khân. rûz yäk bälắ bî, ki räsidûm a kushắn. divís tâ sûắr-mu vâbí, sí tâ sûắr u sí tâ tufäñgcín dôtäläb vâbí; bíshtûm ki kushắne khodâ-kärắm khân ạmắ. túle ắsp vâbíä dắme hamdîắ; mắle ûnắ cil u pắnj sûắr bî, äne mắ sí tâ. yắk dắs tufắñge-mû zắ yäkúdom, ki kushắne khodâ-kärắm khân shikắsish khắ. äz dûde tufắñg rûz a nâyắft âbí. kushắn ki shikắs ish-khắ, tâ cil û pắnj näfắr sûắr äz khodâ-kärắm khân kushtắ vâbídä. ạndûm a síre jắye kushắn ki shikắs ish-khắrsâ, tâ girdắ zíre tắshän, här girdắ yắ man, dú man; gûshte âmâdắ kushtắ, khíge rôghäní u khíge dûshôvi va anjír u mävíz, tâ här buñkûî sắd man tắlin. shôû hámû síre jắî kushắn khaftädûm, sabắkh ghârắte mû kishí, ạndûm sî vilắte khómû.

Übersetzung.

Khoda-käräm Khan schwor einen Falscheid, machte sich auf, tötete den Allah-käräm Khan und Muhammed Ali Khan, dessen Sohn; er machte sich auf, plünderte dessen Gebiet. Der Bote[1]) kam zu Scherif Khan. Scherif Khan und die Dschavi und Duschmenziari[2]) und [die Leute aus] Kuhmärrä[3])

---

[1]) Wörtlich „der Hilfe heischende".

[2]) Beides Unterabteilungen der Mamasseni.

[3]) Das Däscht-e-bärm-Tal; siehe oben in der Einleitung.

sammelten sich, gingen dem Schah-Abbas Khan[1]) zu Hilfe. Die Sonne war noch eine Stunde hoch, als wir auf das Heer [des Khoda-käräm] stießen. Wir hatten zweihundert Reiter, dreißig Reiter und dreißig Büchsenschützen waren voraus; wir gingen, als das Heer des Khoda-käräm Khan ankam. Die Köpfe der Pferde stießen aufeinander, jene hatten fünfundvierzig Reiter, wir dreißig. Zu gleicher Zeit schossen wir aufeinander los, da erlitt das Heer des Khoda-käräm Khan eine Niederlage. Vor dem [Pulver-] Rauch der Büchsen ward die Sonne unsichtbar. Als das Heer geschlagen wurde, da sind fünfundvierzig Mann Reiter des Khoda-käräm Khan getötet worden. Wir kamen an den Ort des Heeres, welches die Niederlage erlitten hatte; da ist das Rundbrot unter dem Feuer[2]), jedes Rundbrot zu ein bis zwei Män, Fleisch ist zubereitet, geschlachtet; Schläuche voll Bratfett, und Schläuche voll Syrup und Feigen und Rosinen, so daß für jede Zeltgenossenschaft hundert Män Beute ist. Zur Nacht schliefen wir an dem Platze des Heeres, am Morgen plünderten wir, kamen nach unserer Heimat.

VI.

Náqle dä'a̤vá.

Ilyás bêk túrk kushấnish kishí a ríe khosrố khân. vä rûz dä'a̤váshû vḁbí. sáib kâzâlí vä alí mahamát äz âdamyấle khosrố khân kushtấ vḁbí. Ilyás bêk ki gutấre túrk bî, kushtấ vḁbí; kullí câbúk suár a̤mấ, ki lấshe ilyás bêk bébê. hámshû zấ, a ríshû kúsht. Shâh-välất suár khósrô khân ish-kärzí a pḁi sấrosh vä pîshtố izh-zấ, ki äz ấsp a̤vá̤s a dûmán kushtấ vḁbí; kushấne túrk shikấs ish-khấ.

Íle khósrô khân äz särhấdd a̤mấ a gärmesír; íle túrk dốre kâlấye khósrô khân uzh-girí; dấh rûz u dấh shếü dä'a̤vá bî, ki äz dû́de tufấñg kấsî âsemû́n u zämín ush-nímîdî. pänjáh näfấr suár û pîád u zấn u bäcấ kushtấ vḁbí, ki kushấne túrk shikấs ish-khấ. kushấne shäríf khân kḁkốî khosrố khân a̤mấ komấkush. shû a dû́m ush-ná, shikấs ish-khấ, bushú.

---

[1]) Bruder des getöteten Muhammed Ali Khan.

[2]) D. h. man hatte mit dem Brotbacken begonnen.

Übersetzung.

Ilyas Bek Turk zog sein Heer zusammen gegen Khosro Khan. Und eines Tages kam es zum Kampfe zwischen ihnen. Saib Kazali und Ali Muhammed, von den Leuten des Khosro Khan, wurden getötet. Ilyas Bek, der das Oberhaupt der Turk[stämme] war, ward getötet; der Reiter Kulli-Tschabuk kam, um die Leiche des Ilyas Bek wegzutragen. Auch auf diesen schossen sie, töteten ihn auf diesem [d. i. der Leiche des I. B.]. Den Reiter Schah-Väläd schoß Khosro Khan von hinten in den Kopf, und er schoß die Pistole ab, daß er vom Pferde herab fiel, getötet wurde; das Turk-Heer erlitt eine Niederlage. Der Stamm des Khosro Khan kam [nun] vom Sommerquartier in das Winterquartier; der Turk-Stamm umzingelte die Feste des Khosro Khan; zehn Tage und zehn Nächte war Kampf, daß vor dem [Pulver-] Rauch der Büchsen niemand den Himmel und die Erde sah. Fünfzig Reiter und Fußkämpfer und Weiber und Kinder wurden getötet, bis das Turk-Heer geschlagen wurde. Das Heer des Scherif Khan, des Bruders des Khosro Khan, kam ihm zu Hilfe. Sie machten sich hinter sie (die Türken) her, sie (die Türken) wurden geschlagen, entflohen.

VII.

Yä rûzî bíshtäm a shikấl. yä shikấlî zäkhmî́m kí. sabấ bishtấm a túrish, ki bígîräm. tâ yấ khírsî khúsh u tûlấsh a rû lấshe shikấl mîkhorấ. tâ mú sấrom kishî́ ki här dú tâsh kûrấshû zấ, sî má ạndín, ki yấkî gutûsh pấm ush-kấtî kấp[1]), ki kấrdem äz kấd kishî́, om-zấ a síre shûnosh, ki pấm shä vêl kí, ki khûne ma púre malkî́m vậbî́, ki yấ pấm a zämî́n vấr burrî́. khírse zäkhmî́ säräzî́r vậbî́, äz yấ därrấ búshu. û yäkî́ khäshû äz därrấ tôu vậbî́, tấshom zấ a fitîlấ, mäkärzî́, om-zấ ki a túr ậbî́, ạmấ, a tî därrấ ạvấs. räfî́kom búñgesh ậ-kí a díh ki: „bêî, mullấ tahmấs khírs uzh-girí.“ äz díh be-qádr pänjấ näfấr ạndî́n a tî rá, shû-a pushtấ kirdạ́m, shû burd m a khûnấ. tâ dú mấh zäkhmî́ biδấm, bấd az dú mấh khûb vậbiδạ́m.

---

[1]) Zusammengezogen aus: *ush-kí a tî kấp.*
Persisch: که این یك بزرگش پایمرا کرد به توی دهن

Übersetzung.

Eines Tages ging ich auf die Jagd. Ein [Stück] Wild verwundete ich. Am nächsten Tage ging ich ihm nach, daß ich es greife. Als ein Bär, er selbst und sein Junges auf dem Aas des Wildes frißt. Da zeigte ich mich; als alle beide ein Gebrüll ausstießen, auf mich los kamen. Der große biß mit den Zähnen nach meinem Fuße, ich zog das Messer aus dem Gürtel, stieß zu auf seine Schulter, er ließ meinen Fuß los, mein Schuh ward voll Blut, den einen Fuß schleifte(?) ich auf der Erde. Der verwundete Bär stürzte hin, lief eine kleine Schlucht entlang. Jener andere unverwundete entfloh durch die Schlucht, ich schlug Feuer auf das Zündhütchen, schoß, traf ihn, daß er stürzte, er kam, fiel in die Schlucht. Mein Gefährte rief nach dem Dorfe: „Kommt, den Mulla Tahmas faßte ein Bär." Aus dem Dorfe machten sich (kamen) etwa fünfzig Personen auf den Weg, sie nahmen (machten) mich auf die Schultern, trugen mich nach Hause. Zwei Monate lang war ich wund, nach zwei Monaten ward ich gesund.

VIII.

Bákär khân dishmäzîyârī́ kushấnish kishī́, sī́ tâ suár. suárish âvú ki tâîfấsh bébä. tâîfấsh-ish bạr kí, izh-bú a säherấye gälgûn. shéu hạmûcu khaftī́; sabạî ki vạbī́, shärī́f khân púse vấlî khân kushấnish kishī́, va pại sấrosh bushú, ki īlishâ[1]) vạsont. dä'ạvấshû vạbī́; cehâr näfấr âdấm kushtấ vạbī́, cehár näfấr häm zäkhmī́ vạbī́. âkhúr īlush bấkär khân bú, shärī́f khân vạgísht, ạmạ̈d a khûnấsh. bấkär khân häm bushú a särhấdd.

Übersetzung.

Baqir Khan Duschmenziari zog sein Heer zusammen, dreißig Reiter. Er brachte die Reiter herbei um seinen Stamm [Clan] zu geleiten. Sein Clan brach auf (lud auf), er führte ihn in die Ebene von Gälgun[2]). In der Nacht rastete (schlief)

---

[1]) Das *â* kann ich nicht recht erklären. Sollte es ein Akkusativ-Affix sein, wie neupersisch را?

[2]) „Gälgân liegt sieben Farsakh im Süden von Fahliyân" (Fârsnâmäh).

er dort; als es Morgen ward, zog Scherif Khan, der Sohn des Veli Khan, sein Heer zusammen, ging gegen ihn, um seinen (des Baqir) Stamm zu vernichten (aufzuheben). Es kam zum Kampfe zwischen ihnen (ward ihnen Kampf); vier Leute wurden getötet und vier Leute wurden verwundet. Schließlich führte Baqir Khan den Stamm [weiter], Scherif Khan kehrte um, kam in seine Heimat. Und Baqir Khan ging in das Sommerquartier.

IX.

Yä rûzî vấlî khân kushấnish kishí, bushú shûlisûn, ki häsấn khân vu jämấl khân búkushi. häsấn khân vu jämấl khân bishísädän û shûlisûn a pîsh khân álî khân. vấlî khân ush-ríkht a mâl tâ îshûn bishísän pîsh khân álî khân, mấlish ghârất ki, ish-vạsấ, ạmấ. hại-mäddät-cîn bushú a pîshe khân álî khân, ki vấlî khân mấle häsấn khân vu jämấl khân ghârấtish ki, ishbú. häsấn khân vu jämấl khân di tại suấr ạbidấn, pîsh äz kushấn khân álî khân ạndín sî vấlî khân, risîdín a kushấne vấlî khân. vấlî khân izh-gú: „bấkär, bốu; pusgấle abdulusêin ạndín; bốu, a sî shûn nấshâi, ki di tạ suấre hạrin, mîkushínot“. ki häsấn khân u jämấl khân dâkhúlshû kí a kushấne vấlî khân. häsấn khân bấkär khân ish-kärzî a sînấ, täpûncấ ish-cikänî a bấkär khân; gulûlấ gîrish nấki, bârût zúlfe bấkär khân-ush tấzh zấ. bấkär khân äz pấs täpûncấsh kärzî, zấsh a tî sînấye ấspe häsấn khân, câr pại ấsp bushú a bạl, ấsp ạvạs. nûkấre bấkär khân häsấn khân-shû kúsht. jämấl khân risî a vấlî khân, ishkärzî a vấlî khân, ish-nấzä, ấsp kurấne jämấl khân tufấñgcîgấl gulûlấshû zấsâ (zísâ) a pấse dấse ấsposh. vấlî khân sêlish kí, tâ ấspe jämấl khân zädấ vạbídän; izh-gú: „hấmíðäm bạvạt mîsûzänấm“. ki câr pại ấspe jämấl khân bushú a bạl, ki rûne jämấl khân a zîre kúme ấsp gîr vạbî. vấlî khân ush-rún a rûsh, täpûncấ ush-nấ a tî kúme jämấl khân, ki púr kúmosh gulûlấ vu cârpârấ vạbî. jämấl khân kushtấ vạbî. mullấ älî mähämất risî, vä a nêizấ izh-zấ a tî shûne vấlî khân. vấlî khân nêizấ a tî kúmosh dấsush kí, izh-girí. mullấ älî mamất tufấñge vấlî khân ush-vạsấ, ish-bú. dú khân kushtấ vạbî, kushấn shikấsish khấ.

Übersetzung.

Eines Tages zog Veli Khan das Heer zusammen, zog nach Schulistan, um den Hasan Khan und Dschemal Khan zu töten. Hasan Khan und Dschemal Khan waren nach jenem Schulistan gegangen zu Khan Ali Khan. Veli Khan stürzte sich auf ihr Haus, während sie zu Khan Ali Khan gegangen sind, plünderte das Anwesen, raubte es, kam [zurück]. Der Bote ging zu Khan Ali Khan, [meldete,] daß Veli Khan das Anwesen des Hasan Khan und Dschemal Khan geplündert, weggeschleppt habe. Hasan Khan und Dschemal Khan, beide stiegen zu Pferde, kamen vor dem Heere des Khan Ali Khan auf Veli Khan zu, gelangten an das Heer des Veli Khan. Veli Khan sagte: „Baqir, Väterchen; die Söhne des Abdulhusain kamen; Väterchen, gehe nicht gegen sie, es sind zwei tapfere Reiter, sie werden dich töten." Da drangen Hasan Khan und Dschemal Khan in das Heer des Veli Khan ein. Hasan Khan schoß dem Baqir Khan gegen die Brust, schoß die Pistole gegen Baqir Khan ab, die Kugel traf nicht, das Pulver verbrannte die Locken des Baqir Khan. Baqir Khan schoß darauf die Pistole ab, traf in die Brust des Pferdes des Hasan Khan, die vier Füße des Pferdes gingen in die Höhe[1]), das Pferd fiel. Die Diener des Baqir Khan töteten den Hasan Khan. Dschemal Khan gelangte an Veli Khan, schoß auf Veli Khan, traf ihn nicht, den Fuchs des Dschemal Khan hatten die Büchsenschützen mit Kugeln getroffen hinter der Vorhand seines Pferdes. Veli Khan sah, daß das Pferd des Dschemal Khan getroffen worden war; er sagte: „Jetzt werde ich deinen Vater verbrennen." Da gingen die vier Füße des Pferdes in die Höhe, der Schenkel des Dschemal Khan wurde unter dem Bauche des Pferdes eingeklemmt. Veli Khan lief zu ihm, richtete die Pistole in den Leib des Dschemal Khan, so daß sein Leib voll von Kugeln und Rehposten wurde. Dschemal Khan ward getötet. Mulla Ali Muhammed gelangte [an Veli Khan] und stieß mit der Lanze gegen die Schulter des Veli Khan. Veli Khan — die Lanze in seinem Körper — er legte Hand an, zog sie heraus. Mulla Ali

---

[1]) D. h. das Pferd sprang infolge des erhaltenen Schusses in die Höhe.

Muhammed nahm die Büchse des Veli Khan fort, trug sie weg. Die beiden Khane wurden getötet, das Heer erlitt eine Niederlage.

X.

Yä shívî máhe ramazûn bî, kushâne bäkkâsh vä dushmäzîârî ąndín, somghûnshû ghârät kí, bä qádre dú häzâr timân doulât äz somghûnshû bú. bád äz sú rûz sâd u häftá suár bä divîs tufäñgcîn ąndín a sähráye nôdûn. pärvîz khân va hâsíl khân gutâle kushân bî. qádrî tänkhá äz sähráye nôdûnshû ghârät kí. khäbâr räsî bä mîr abdulghaffár kälûntâr, ki kushân sährá uzh-ghârät kí. mîr abdulghaffár suár ąbî, cîl tâ tufäñgcî ish-vąsâ, ąmâ a dä'ąvá. tufäñgcîngâl u suár bisyár bî, vu tufäñgcîne mâ kâm bî. khêlî tufäñgcînshû yärâk-kâsh kí, tufäñgâlshû bú; dä'ąvá bulând bär pą vąbî, ki äz täkkûne súmme âsp zämîn bä lärzâ ąvąs. äz kushâne mâ maamadusêin kushtâ vąbî, shísh sär âsp vazinâ mál âne îlkhânî hâmûjâ kushtâ vąbî. dâh näfâr âdâm äz kushâne túrk va bäkkâsh zäkhmî vąbî; hásil khân äz dâse mîr mâ'alî kushtâ vąbî, va pärvîz khân tufäñgcîngâlshû kärzî a sâre sînâsh, zädâ vąbî, äz pâse shûnosh a dâr shú. dú khân ki kushtâ vąbî, kushâne túrk vu bäkkâsh shikâsish khâ. hásil khân hâmî búnäjâ kushtâ vąbî, pärvîz khân bád äz háf rû dîyâ múrd.

Übersetzung.

Eine Nacht des Monats Ramazan war es, da kamen die Truppen der Bekkesch und Duschmenziari, plünderten Somghun aus, ungefähr 2000 Toman Wert (Besitz) schleppten sie aus Somghun fort. Nach drei Tagen kamen 170 Reiter mit 200 Büchsenschützen in die Ebene von Nodun. Perviz Khan und Hasil Khan waren die Führer (Großen) des Heeres. Einiges Vieh raubten sie aus der Ebene von Nodun; die Kunde gelangte an den Kelanter Mir Abdulghaffar, daß das Heer die Ebene von Nodun plünderte. Mir Abdulghaffar stieg zu Pferde, nahm vierzig Büchsenschützen, kam zum Kampfe. Die Büchsenschützen und Reiter [der Feinde] waren viele, und unsere Büchsenschützen waren wenige. Die Büchsenschützen raubten viel Waffen, nahmen Gewehre weg; ein gewaltiger Kampf erhob sich, daß von dem Getrampel der Hufe der Pferde die

Erde ins Zittern kam (fiel). Von unserem Heere wurde Muhammed Husain getötet, sechs Pferde, schöne, von denen vom Ilkhani[1]), wurden ebendort getötet. Zehn Mann von dem Heere der Türken und Bekkesch wurden verwundet; Hasil Khan wurde von der Hand des Mir Muhammed Ali getötet, und auf den Perviz Khan schossen die Büchsenschützen gegen seine Brust, er ward getroffen, [die Kugel] ging hinten aus seiner Schulter [wieder] heraus. Als die beiden Khane getötet waren, erlitt das Heer der Türken und Bekkesch eine Niederlage. Hasil Khan war eben dort getötet worden, Perviz Khan starb nach sieben weiteren (anderen) Tagen.

XI.

Yä rûzî, zämisû bî, khḁlûe mû räis mahárizá khúsh u shêikh abdíllâh bishtín a shikḁ̂l a cehár-kûhe somghûn, ki shikḁ̂l bézän. bắrf zísâ, ki dḁ̂r gúrush bắd mâ'alûm bî. khêlî gishtắn shikḁ̂leshû nắdî. yẳ kähsä sidḁ̂ye yäk jîrắye tûlắye jûnävắrî ḁmẳ; shêikh abdíllâh uzh-gú: „mẳ'arizá, î sidḁ̂ye cí bî?" izh-gú: „sidḁ̂ye tûle-pälắñgän." khêlî diyẳ bishtín a pîshtắr, tâ jḁ̂ye jûnävärgắl a kíre yä bắrdî mâ'alûm än. räis mâ'arizá izh-gú: „ábdillâh, kíre bắrdu sî jḁ̂ye shîr khûbän." izh-gú: „kḁ̂kḁ, bí tâ vḁ̂ gärdûm, ki zämisûnän; shîre gushnẳ mû mîkho." izh-gú: „kḁ̂kḁ! pänáh bä khodá!" yä qádrî ráh bishtín a pîshtắr, ki värkhúrdeshû kí a shîre lḁ̂sî, tâ dú tâ tûlắye khúrt shínî. näsîbe hûc kắs nắkont! ki shîr rás ḁbî, yẳ nḁ'ḁrắî uzh-zẳ ki zämîn a lärzẳ ḁvḁ̂s, kắpesh ḁ tâ kí, dûmosh bulắnd ḁkí, uzh-zẳ a tî girắne khúsh. abdilláh zährắsh bushú, bîhûsh vḁbî, ki mísle murdắî ki däh rûz murdí; zä'ûnäsh qúlf ḁbî. mâ'arizá jur'ắtosh bishtắr bî; iltimásosh kí a shîr ki: „ḁ̂î gurbắye älî, tú be älî qḁsḁ̂m ki dắs äz î yä kämcẳ khûne mḁ̂ váso; shikále tú a î kúhyu bisyárän." cârẳ vḁ̂ nắbî, î shîre bî-mäzḥắb vä dắs däf'âî pắnj mắn gíl vir mîδẳ va âsemûn, vu hḁ̂î nḁ'ḁrẳ mîzẳ tâ mắdûm ki shîr gushnắshä. mâ'arizá hắmî iltimás mîkónt ki: „ḁ̂î shîr, túrâ be älî qḁsḁ̂m, ki dắs äz yẳ kämcẳ khûne mâ vḁ̂so." yä kähsä shîr rûsh kí a pắs, yẳ girimbắye khúrdî uzh-zä. ki tûläyál a pêe sắre dḁ̂îshû nắshtän, gushnắshû bî, hắmî jîrắshû mîzä, dḁ̂îshû vḁ̂gísht,

[1]) Der Ilkhani der Kashghai hat eine weithin berühmte Zucht edler Pferde.

sấrish kí zîre kóme tûlägấl vírizh-dâ a dűr, vạ du käshấ yä girimbấ dîấ izh-zấ ki yấ'anî bíshî. mâ'arizấ izh-gú: „ábdillâh, bí tâ búshûm a tại dạr.“ izh-gú: „mấ'arizâ, kurbűnot beshấm, bế^h il tâ ävvấle bâr mó ûshấm a tại dạr, ki hämîðấm mîmiräm.“ izh-gú: „ävvấle bâr tú búshu a tại dạr; zä'ärất nấshû.“ här dúsh bishtín a tại dấr, ki shîr sêlosh kí tâ înấ a tại dấr säyấn. du käshấ äz hạmûcu nạ'ạrấzh zấ, ạmấ, a pại dạr khaftî. abdillấh izh-gú: „mấ'arizâ, zämisűnä, särmấ-mûä min^e sấ, miftűm a dạr dûmấn, mû mîkhó.“ mâ'arizấ izh-gú: „zä'ärất nấshû, tufấñge kấl khúrdä-zấnäs. iltimấs^i shä mîkunűm; ägấr a pạ nấbî, búshû, min^e sấm a tî källấye sấrosh, ush mîzấm tâ hấmî a pại dạr bíftä.“ mâ'arizấ du käshấ iltimấsush kí, ki: „ấị gurbấye älî, tú be älî qạsạm ki shív ạbî, ráh békish, búrshu, tâ mấ bäyűm a dûmấn, béshûm a khûnấmûn.“ shîr a pạ bî, búshu. ûnấ hạm ạndín a dûmấn, jạsín, nísbe shếô ạndín a khûnấshû.

Übersetzung.

Eines Tages, es war Winter, gingen mein Oheim Reis Muhammed Riza und Scheikh Abdullah auf die Jagd in die „Vier Berge“ von Somghun, um Wild zu schießen. Es hatte geschneit, so daß die Bäume des [Berg-]Gipfels schlecht zu sehen waren. Sie wanderten viel umher, sahen kein Wild. Mit einem Male kam ein Geräusch des Winselns von Jungen eines reißenden Tieres. Scheikh Abdullah sagte: „Muhammed Riza, dieses Geräusch war von was?“ Er sagte: „Es ist das Geräusch von Leopardenjungen.“ Sehr viel gingen sie vorwärts, bis der Lagerplatz von Tieren in einem Felsversteck sichtbar ist. Reis Muhammed Riza sagte: „Abdullah, das Felsversteck paßt (ist) gut zu einem Platz für Löwen.“ Er sagte: „Bruder, komm', daß wir umkehren, denn es ist Winter; der hungrige Löwe wird uns fressen.“ Er sagte: „Bruder; Gnade [uns] Gott!“ Ein wenig gingen sie weiter vorwärts, da stießen sie auf eine Löwin, die zwei kleine Junge hat. Möge er (d. i. Gott) niemandem Ähnliches zustoßen lassen![1]) Da erhob sich die Löwin, stieß ein Gebrüll aus, daß die Erde ins

[1]) Wörtlich: „möge Gott es zum Schicksal (نصيب) niemandes machen!“

Zittern kam (fiel), machte den Rachen auf, hob den Schwanz hoch empor, schlug ihn gegen ihre Flanken. Dem Abdullah entfiel der Mut (ging die Leber weg), er ward ohnmächtig, wie ein Gestorbener, der zehn Tage tot ist; seine Sprache war dahin (verschlossen). Muhammed Riza, sein Mut war größer; er flehte zu der Löwin: „O Katze des Ali, ich beschwöre dich bei Ali, nimm die Hand von diesem einen Löffel unseres Blutes ab; Wild für dich ist auf diesem Berge viel.“ Es half nichts, jene religionslose Löwin warf mit dem Vorderfuß mit einem Male fünf Män Erde bis an den Himmel und stieß ein Gebrüll aus, so daß wir wußten, daß die Löwin hungrig ist. Muhammed Riza fleht immerzu: „o Löwe, ich beschwöre dich bei Ali, nimm die Hand von dem einen Löffel unseres Blutes ab.“ Mit einem Male wendete die Löwin sich (machte das Antlitz) zurück, stieß ein leises Gewinsel aus. Da kamen die Jungen nicht hinter ihrer Mutter her, sie waren hungrig, immerfort winselten sie; ihre Mutter kehrte um, tat ihren Kopf unter den Bauch der Jungen, warf sie fort und stieß wiederum ein anderes Gewinsel aus, das etwa sagen sollte: „gehet.“ Muhammed Riza sagte: „Abdullah, komm, laß uns auf den Baum gehen.“ Er sagte: „Muhammed Riza, ich will dir zum Opfer werden, laß zu, daß zuerst ich auf den Baum gehe, ich sterbe [sonst] sofort.“ Er sagte: „Gehe du zuerst auf den Baum; der Mut (die Leber) möge dich nicht verlassen.“ Alle beide gingen auf den Baum, da sah die Löwin, daß diese auf dem Baume sind. Wieder stieß sie ebendort ein Gebrüll aus, kam, legte sich am Fuße des Baumes nieder[1]). Abdullah sagte: „Muhammed Riza, es ist Winter, die Kälte wird auf uns kommen (übergehen), wir werden vom Baume hinunterfallen, sie wird uns fressen.“ Muhammed Riza sagte: „Dir möge der Mut nicht sinken; die Feuersteinschloßbüchse ist gut schießend. Wir wollen sie (die Löwin) anflehen; wenn sie nicht aufsteht, weggeht, dann lege ich an gerade auf den Schädel ihres Kopfes, erschieße sie, daß sie gerade am

---

[1]) So hat auch schriftpers. خوابيد stets die Bedeutung: „er legte sich nieder“, nie: „er schlief“.

Fuße des Baumes niederfällt.“ Muhammed Riza flehte sie wiederum an: „O Katze des Ali, ich beschwöre dich bei Ali: es ward Nacht, geh' deines Weges, mache dich fort, damit wir hinunterkommen, nach unserem Hause gehen.“ Die Löwin stand auf, ging fort. Jene auch kamen herunter, entflohen, um Mitternacht kamen sie in ihr Haus.

XII.

Yä rûzî bishtắm a shikḁl. bishtắm mîyûne yä kûhî. yä bäcắî däspîḁ̂dom bî. bishtûm a rî yắ túlî, tâ pếi shikḁlî mâ'alûmän. om-gú: „mắ'arähîm, shikḁlgäläkû a îcú gíshtä.“ hắmî gắpe mû bî va khúrt[1]), ki yä käshắ äz pḁi bunắye dḁr yắk shírî bulắnd ḁbí a sắre pḁ́. ki bäcắ äz pếi sắrom hḁlgärdûn kí, izh-gú: „khḁ́lû! kurbûnot béshäm, îyú cí jûnävắrî-än?“ om-gú: „zä'ärắt nắshu, khḁ́lû jûnî, yú khírsän, nä shírän.“ mâ hạmûcú vḁisắdûm, shír häm hạmûcú vḁisí. shír bunyắdish kí a nä'ärắ-zädắn. dú gắz yâ sú gắz mabḛine mu hắn, be í nizîkí. âkhúr iltimắsemû kí a shír ki: „áî gurbắye älí! mḁ́hạze rizắye khodắ tú be älí qạsḁ́m, ki dắs äz khûne mắ vḁ́so.“ yä käshắ púshtosh kí a mắ, vu yä girimbắye khúrdî uzh-zắ ki yắ'anî shumắ bíshî. vu mắ zä'ärắ-mû nắki ki jḁ́ ve jḁ́ ḁbûm. tâ dú sâ'ắt shír a ûcú vḁisắdạ. mâ'arähím izh-gú: „khḁl tä'ämắs, múrdäm, hạmîồấm mímiräm.“ om-gú: „zähärắt nắshû, ki khodắ rắhämush bisyắrän. a sî hurmắte qorûnî ki mîkhûnắm, khodâvắnd mâ a khắrde shír nímîồi; zä'ärắt nắshû.“ vu hḁ́î mihmízush mîjắm, ki yä käshắ shír khízush kí vu búshu. vu mú tắsh om-zắ a fitîlắye tufắñg, om-nắ a tulmắye dḁ́r, ki tír a shîräkû búkunäm. mâ'a-rähím fitîlắye tufắñgish kûr kí, ish-nắ'alisht ki tír a shír búkunäm a sî íki î shíru mắsh nắkhä vu mắ häm tír äz ồî nímîkunûm. shír bushú vu mâ häm vḁ-gíshtûm a khûnắmû.

Übersetzung.

Eines Tages ging ich auf die Jagd. Ich ging auf einen Berg. Einen Knaben hatte ich als Gefährten. Wir gingen auf einen Hügel, als die Spuren von Wild sichtbar wurden. Ich

[1]) etwa = به خود; cf. das unorgan. *r* in *búrshu*.

sagte: „Muhammed Rahim! Das Wild ist hier umhergegangen.“ So war unser Gespräch zueinander, als mit einem Male an dem Fuße eines Baumes sich ein Löwe erhob, aufrecht. Der Knabe hinter mir ward verstört, er sagte: „Oheim! ich will dir zum Opfer werden, was ist dies für ein Tier?“ Ich sagte; „Laß den Mut nicht sinken, lieber Ohm[1]); das ist ein Bär, kein Löwe.“ Wir sind ebendort gestanden, der Löwe ebenfalls stand dort Der Löwe begann zu brüllen. Zwei oder drei Ellen sind zwischen uns, in solcher Nähe. Schließlich flehten wir den Löwen an: „O Katze des Ali! Um des Wohlgefallens Gottes willen beschwöre ich dich bei Ali, nimm die Hand von unserem Blute weg.“ Mit einem Male wendete er den Rücken gegen uns, stieß ein leises Gebrüll aus, das wohl heißen sollte „gehet“. Und wir wagten nicht, uns zu entfernen. Bis zwei Stunden ist der Löwe dort gestanden. Muhammed Rahim sagte: „Oheim Tahmas! ich starb, eben jetzt werde sterben.“ Ich sagte: „Laß den Mut nicht sinken, Gott hat viel Gnade. Aus Achtung davor, daß ich den Koran lesen kann (aus Achtung vor dem K., den ich lese), wird uns Gott nicht zum Fraße des Löwen geben; laß' den Mut nicht sinken.“ Und immer sporne ich ihn an, als mit einem Male der Löwe aufsprang und wegging. Und ich schlug Feuer auf den Zünder der Flinte, legte sie in das Laub(?) des Baumes, um auf den Löwen zu schießen. Muhammed Rahim löschte den Zünder der Büchse aus, ließ nicht zu, daß ich auf den Löwen schösse, deswegen, weil jener Löwe uns nicht fraß, und wir auch nicht auf ihn schießen sollten. Der Löwe ging weg, und auch wir kehrten nach Hause zurück.

XIII.

Yä lúrî bî, yä púsîsh bî. ish-mêi zä́nsh-ấdä. sä́d tâ äshräfîsh bî. shä zä́n uzh-gú: „zä́näk, om-mä́ û́shäm a shîrấz, rä́kht úsunäm, zä́n a púsom ấjäm.“ sä́d tâ äshräfî ush-vḁsä́, rû́sh kí a shîrấz. a tî rä́ izh-gú: „yâ shấhe cirấkh! yấk äshräfî názire tú, ki yä ḁδä́me khû́bî a gîre mu bä́, ki dishmû́nom nä́di vu rä́khte khû́b mấδi.“ a̤mä́, räsî a shîrấz tâ yä́

[1]) Allgemeine Anrede, auch an jüngere Leute.

ạðáme kûrî a tî kûcắ shạsi; izh-gú: „tạ î äshräfîu ki náz'rom kirdí, ájäm a î kûre fạqîru.“ äshräfîshä dắr avú, izh-dắ a kûr-kûr a tî dísosh zúruzh dắ, izh-gú: „î ná khûbän.“ izh-gú: „ádi, tâ yắkî dîyắt ájäm.“ yắkí dîyắsh dắ; hắm uzh-gú: „ná khûbän“. izh-gú: „bịạ kîsắ, yắkîsh váso, bâqîsh mádi.“ kisắye äshräfî izh-dắ a díse kûr. kûr kîsắsh ná a tî bäghắl; izh-gú: „kûr! tú kîsắkû hämắsh vạmîsonái.“ kûr hại-mäddắt ush-kí a shîrâzî ki: „î lúro ish-mắ pûlom váso“. shîrâzî ạndín, shällákhshû kishî, shû-zắ a lúre fạqîr. kûr sắd tâ äshräfî ush-vạsắ, búshu. lúre fạqîr a tî shîráz gushnắ bädbắkht vạ-isî. yä rûzî shạso, cîlắkshä gíl vạmbú, yä âðáme âqílî ạmắ, izh-gú: „fạqîr, mä pûl^etä fänắ kírdi, tâ sît vạjîräm.“ izh-gú: „pûl^emä fänắ nákirdi.“ izh-gú: „nä päs cítän?“ izh-gú: „sắd tâ äshräfî om-bî, yä kûrî îcänî shä kírsäyäm, shä rûzom âvú, shîrâzî häm shû a zîre cû shû kúshsäyäm.“ âdämäkûzh gú: „tâ yä rại a díse tájäm. búrshu, yắ mắne túkhme khîắ úso, búkâl. vákhtîki khîắ kí, hắr kî mêiðî, ki pûl^e tádi, búgu mú pûlî nímîjäm; î khîáyokäm kishtắ äz beráye murdägûne näsîme isfahûnî.“ hắr kî ạmắ háî khîásh cî, ish-bú. yä rûzî shắso, ki yä jilôudárî ạmắ, tâ suárî yâbûä. izh-gú: „áî sắ'ibkhîắ, bíô, qîmắt pänj-häzár khîắ a mú áðî.“ izh-gú: „bábâ, mú pûlî nímîjäm; búrshu, búcu, hắr cî it-mắ, sî khút bébä, vu fâtiháye murdắye näsîme isfahûnî búkhûn.“ jilôudár bushú a tî lätắ, yä cíl mắnî osh-cî, ish-bú. jilôudár bushú a isfahûn, näsîm uzh-dî, izh-gú: „yäk âdắmî a shîráz yäk lätáî ish-kíshti, vákhme murdáye túsh kírdi; nímîðänắm, fạqîru císhä.“ näsîm äz isfahûn ish-vạsắ, ạmắ a shîráz, bushú a pîshe hạmû luräkû, izh-gú: „hôi âðám! bíô, yä khurdáye khîâi mádi.“ luräkûzh gú: „mú nímê'ärshäm; búshu, búcu, sî khút bébä, fâtiháye näsîme isfahûnî búkhûn.“ näsîm a pạ bî, bushú a tî lätắ, hắr cîsh väbî, kullắn ish-cî, tắlish ki, ạmắ a pîshe luräkû. izh-gú: „cítän? mu khóm näsîmäm.“ izh-gú: „sắd tâ äshräfî om-bî; yä kûrî shä vạsädắm“. näsîm izh-gú: „kûr mîshinasái?“ izh-gú: „bắli“. amrắhe hạm ạndín a tî shắ'är, tâ kûräkû khúd û cár kûre dîyắ shạsäyän. izh-gú: „kûräkû kắm û yäkíä, ki pûle tush-búrdi?“ izh-gú: „û kûron.“ shä nishûn uzh-dắ; izh-gú: „bí tâ ûshûm.“ näsîm bushú, yä cârắk khurmá sh-isắ, izh-gú: „kûryäl! bêî tâ khurmá-tû ájäm.“ kûrî ki pûl a pîshush bî, izh-gú: „ádämu"[1]). näsim uzh-dá a kûryäl. shêu vąbî, bishtín a tî zîrezämînî mänzílshû bî. näsim va dúze kûryäl bushú a tî zîrezämînî, bushú a tî tâkhcá shąs, ki kûrî ki pûl a píshush bî, yä kîsá nuqrá shä dár avú, áshk ush-kí, pûlish háį vírdâ a âsemûn, háįsh vą-girí. näsim pûlish vą-girí. kîsâye äshräfi kûr shä dár avú; näsim häm a tî dísosh shä dár avú, a tî khûná a dár ąmá, izh-dá a díse luräkû, izh-gú: „î pûlot úsu, búrshu." î lúr pûlosh vąsá, bushú a khûnásh.

Übersetzung.

Es war ein Lure, er hatte einen Sohn. Er wollte ihm eine Frau geben. Hundert Goldstücke hatte er. Er sagte zu seiner Frau: „Frau, ich will nach Schiras gehen, Kleider kaufen, eine Frau meinem Sohne geben." Er nahm die hundert Goldstücke, wendete sich (machte das Antlitz) nach Schiras. Auf dem Wege sagte er: „O Schahe tschiragh! Ein Goldstück [sei] dir gelobt, daß ich einen guten Menschen finde (ein guter Mensch mir zuteil wird), der mich nicht schmäht und gute Kleider mir gibt." Er kam, gelangte nach Schiras: da ist ein blinder Mensch in der Straße gesessen; er sagte: „das Goldstück, welches ich gelobt habe, will ich diesem armen Blinden geben". Er holte das Goldstück heraus, gab es dem Blinden. Der Blinde drehte es in der Hand hin und her, sagte: „dies ist nicht gut." Er sagte: „gib her, daß ich dir ein anderes gebe." Er gab ein anderes; wieder sagte er: „es ist nicht gut". Er sagte: „nimm den Beutel, nimm eines von ihnen, die übrigen gib mir." Er gab den Beutel mit Goldstücken in die Hand des Blinden. Der Blinde steckte (legte) den Beutel in seine Tasche[2]); er sagte: „Blinder! du nimmst ja den ganzen Beutel weg." Der Blinde schrie um Hilfe zu den Schirasern: „dieser Lure will mir das Geld nehmen." Die Schiraser kamen, zogen die Peitschen, schlugen den armen Luren. Der Blinde nahm die hundert Goldstücke, ging weg. Der arme Lure blieb in Schiras, hungrig, unglücklich. Eines Tages war er gesessen, mit einem Stocke stocherte er im Lehm herum; ein kluger

---

[1]) für *ádi a mu*.

[2]) cf. Kurdisch-pers. Forschungen. Abt. IV, III, 2, S. 3.

Mann kam, sagte: „armer! hast du vielleicht Geld verloren, ich werde es für dich suchen". Er sagte: „ich habe kein Geld verloren". Er sagte: „also was ist dir denn?" Er sagte: „ich hatte hundert Goldstücke; ein Blinder hat solches mir angetan, betrog mich, und die Schiraser haben mich unter ihren Stöcken [fast] getötet". Der Mann sagte: „daß ich dir (in deine Hände) einen Rat gebe. Gehe hin, kaufe ein män Gurkensamen, säe es. Wann es Gurken ansetzt (ansetzte), ein jeder, der kommt, um dir Geld zu geben [für Gurken, die er kaufen will], zu dem sage: ich gebe sie nicht um Geld; ich habe diese Gurken gepflanzt um der Verstorbenen[1]) des Nesim aus Isfahan willen". Ein jeder der kam, pflückte sich Gurken, nahm sie fort. Eines Tages war er gesessen, als ein vornehmer Diener heran kam, der auf einem Pferde ritt. Er sagte: „O Gurkenbesitzer, komm! gib mir für fünf Kran Gurken". Er sagte: „Väterchen, ich gebe sie nicht um Geld; gehe hin, pflücke, nimm mit (trage weg für dich) alles, was du willst, und rezitiere ein Gebet[2]) für den Gestorbenen des Nesim aus Isfahan". Der Diener ging in das Feldstück, so gegen vierzig män[3]) pflückte er, trug sie fort. Der Diener ging nach Isfahan, sah den Nesim, sagte: „ein Mensch hat in Schiras ein Feldstück bepflanzt, hat es zur Widmung für deinen Gestorbenen gemacht; ich weiß nicht, was dem armen ist". Nesim machte sich aus Isfahan auf, kam nach Schiras, ging zu eben jenem Luren, sagte: „he, Mann! komm, gib mir ein wenig Gurken". Der Lure sagte: „ich verkaufe sie nicht, gehe hin, pflücke, nimm dir mit, rezitiere ein Gebet für den Nesim aus Isfahan". Nesim stieg ab, ging in das Feld, was alles da war, insgesamt pflückte er es, tat es auf einen Haufen, kam zu dem Luren. Er sagte: „was ist dir?

[1]) Der Sinn dieses Satzes ist weder mir, noch mehreren gebildeten Persern, die ich um Rat fragte, klar. Aus der weiteren Erzählung ergibt sich, was gemeint ist: der Lure soll durch das Verschenken seiner Gurken die beschenkten Leute veranlassen, für das Wohlergehen des Nesim aus Isfahan, anscheinend eines weithin als klug berühmten Mannes, ein Gebet zu sprechen, d. h. wohl für die Aufnahme des Nesim ins Paradies nach seinem Tode. Nesim soll davon erfahren, und nun dem Luren aus seiner Not helfen.

[2]) Die erste Sure des Koran, die *Fâtiḥa*.

[3]) Einen 40-män-Haufen (-*î*).

ich selbst bin Nesim". Er sagte: „ich hatte hundert Goldstücke; ein Blinder hat sie mir genommen". Nesim sagte: „kennst du den Blinden?" Er sagte: „ja". Miteinander gingen sie in die Stadt; da ist der Blinde mit vier anderen Blinden (er selbst und vier andere) gesessen. Er sagte: „der Blinde, welcher ist jener eine, der dein Geld genommen hat?" Er sagte: „jener Blinde ist es", er zeigte ihn ihm; er sagte: „komm, daß wir gehen". Nesim ging, ein Viertel [män] Datteln kaufte (nahm) er, sagte: „O Blinde! kommt, daß ich euch Datteln gebe". Der Blinde, der das Geld hatte (bei dem das Geld war), sagte: „gib sie mir". Nesim gab sie den Blinden. Es ward Nacht, sie gingen in den Keller, der ihr Quartier war. Nesim ging heimlich vor den Blinden in den Keller, ging hin, setzte sich in einer Nische nieder. Da holte der Blinde, der das Geld hatte, einen Beutel voll Silber hervor, spielte damit, warf das Geld hai! in die Höhe (zum Himmel), hai! fing es auf. Da fing Nesim das Geld auf. Der Blinde holte [nun] den Beutel voll Goldstücke heraus; auch ihn brachte Nesim aus seiner (des Blinden) Hand heraus, kam aus dem Hause heraus, gab es (das Geld) in die Hände des Luren, sagte: „nimm dieses dein Geld, gehe!" Dieser Lure nahm das Geld, ging nach seinem Hause.

XIV.

Yäk rûzî, jivûn bidā́m, bishtā́m a kúh a shikā́l. yäk tírîm kí, yäk pḁzā́n om-zā́, mu avú a zíre yä dḁrî, mu a pûsisha dā́r avú, tā́shmû vḁkí, käbā́bemû khā́. om-kí a púshte däspîā́d. qádrî rā́h bishtûm, näsíbe hûc kā́sî nā́kont! ki yä shíre nā́rî a̤mā́ a síre rā́he-mû. däspîā́d lā́shush kärzí dirā́z a dirā́z, khaftí ki khîā́lom kí, bā́lkä mursā́bû. shír na̤'a̤rā́sh mîzā́, här da̤m kā́p a tḁ mîkónt. mú síre pḁ tufā́ñg a kûle mú vḁisísäyäm, räfíqom zäbûnosh a gír a̤ndísi. khóm iltimā́som kí, ki: „áî gurbā́ye älí, ävvā́l tú bä khodā́ qa̤sa̤m, duyyúm tú bä älí qa̤sa̤m, ki äz tî rā́ye mâ a dā́r shú." yä käshā́ púshtosh kí a mā́. yä dḁrî nizíke mû bî, dísom kí, räfíqom bulā́ndem ḁkí, om-nā́ a tî tulmā́ye dḁr, khóm pḁm nā́ a tulmā́ye dḁr. ki shír äz ha̤mucú uzh-ghuräní, a̤mā́, dísosh bulā́nd ḁkí, jā́n be khodā́! pā́m a dähā́nosh nā́'umä, ki yā́kî líñgish shu'ā́m pârā́sh kí, ish-bú. ki äz tḁi dḁr tufâñg mä-kärzî, om-zâ a dârze pîshînîsh, ki källâye sârosh píshk ạbî. äz dạr ạndûm a dûmân, lâshe pâzân mû ạsâ, ạndûm a khûnâ.

Übersetzung.

Eines Tages, ich war [noch] jung, ging ich in die Berge auf die Jagd. Ich gab einen Schuß ab, traf einen Widder, wir trugen ihn unter einen Baum, wir brachten ihn aus seiner Haut heraus, fachten Feuer an, aßen Bratfleisch. Ich tat es (das Wild) auf den Rücken des Gefährten. Ein wenig Weges gingen wir, — möge Gott niemandem Gleiches zustoßen lassen![1]) — als ein männlicher Löwe auf unserem Wege daher kam. Der Gefährte warf seinen Körper lang hin, blieb liegen, daß ich meinte, er sei vielleicht gestorben. Der Löwe stieß ein Gebrüll aus, immerzu macht er den Rachen offen. Ich war aufrecht (auf meinen Füßen), die Büchse auf meiner Schulter da gestanden, mein Gefährte die Sprache war ihm geraubt (in Fesseln gekommen). Ich selbst betete: „O du Katze des Ali, zuerst beschwöre ich dich bei Gott, zweitens beschwöre ich dich bei Ali: gehe aus unserem Wege hinweg (hinaus).“ Mit einem Male wendete er uns den Rücken. Ein Baum war nahe bei uns, ich legte Hand an, machte meinen Gefährten aufstehen (hoch), legte ihn in das Gezweige(?) des Baumes, ich selbst stellte den Fuß in das Gezweige des Baumes. Da brüllte der Löwe von dort her, kam, streckte die Tatze in die Höhe, bei Gott! aber mein Fuß reichte (kam) nicht in seinen Rachen, ein Bein meiner Hose zerriß er, schleppte sie weg. Da schoß ich aus der Krone des Baumes die Büchse ab, traf mitten in seine Stirne, daß sein Schädel auseinander gesprengt ward. Wir kamen von dem Baume herunter, nahmen das Wildbret des Widders, kamen nach Hause.

---

[1]) Siehe oben Seite 72, Anm.

2. Mâsärmî.

I.

1. hắr ci hắrf mîzänếî, hạmạ̈sh durûghän.
2. hạmạ̈ye märdúm mîmîrän.
3. î shutúrî ke a tî khûnắ khätắn, hạmạ̈sh mál[e] mắ hän.
4. tú kî häsếî?
5. ísme tú cí hän?
6. a khûnắye mä hîc bäcắye kucík nînî, hạmạ̈sh gắp vạ̈budäsin.
7. mắ kushtắ vạ̈mbûm.
8. û âdắmä esh-mîá mắ békushä.
9. „ „ „ „ om-békushä.
10. „ „ „ „ tú békushä.
11. „ „ „ „ ed-békushä.
12. nûn mádä, gushnắmän, om-mîá békhorämäsh.
13. nûn a mắ hádä.
14. sábr béku, om-mîá hämrát a shắ'är bắyom.
15. únâ mắkush, gunáhe ốî cí hän?
16. omshû mắzî, ke hîc gunáhîshû nắki.
17. î âdắmä kî hän?
18. bâ û ke härâmzâdắ hän, hîc hắrf mắzî.
19. û jävûnî ke äd-gú, äz amád qäshäñgtắr-än.
20. lêlá khushgiltắr hän äz bîbî khânúm.
21. púse shumá äz hạmắye bäcîắl ädäbtắr hän.
22. má hálîä a kújâ häsûm?
23. a má î härfálä mắzî.
24. a sî cí-tû mîá mâ békushîn, hîc pîl mû nî.
25. kếi a khizmắte tû báyäd béräsom?
26. här vákht färmâyísh mîkonếî, hâzír häsóm.
27. î dú tâ sắgä nâkhắshäshän, békushäshû.
28. ắspe mắ a zîn kú.

29. hắr kujấ ushtûm, shikâle khûb bî.
30. unjấ-î-ke dîgnấ budûm, khêlî jäñgâl bî.

Übersetzung.

Vorbemerkung. Ich gebe hier den persischen Wortlaut, den ich dem Mâsärmî vorgelegt habe, an Stelle der deutschen Übersetzung, um zu zeigen, wie sehr beim Übersetzen das Vorgesprochene den Übersetzer beeinflußt.

1. هر چه حرف میزنی همش دروغ است
2. همه مردم میمیرند
3. این شتریکه دم در خانه خوابیده است همه‌شان مال من است
4. تو کیستی
5. اسم تو چه چیز است
6. خانهٔ من هیچ اطفال خوردسال نیست همه بزرك شده اند
7. من کشته میشوم
8. آن آدم میخواهد مرا بکشد
9. „ „ „ بکشدم
10. „ „ „ ترا بکشد
11. „ „ „ بکشدت
12. نانم بده گرسنه ام میخواهم بخورمش
13. نان بمن بدهی
14. صبر کن میخواهم همراهت بروم شهر
15. اورا مکش گناه او چه چیز است
16. آنهارا مزن که هیچ گناهی نکرده اند
17. این آدم کیست
18. با آن که حرامزاده است هیچ حرف مزن
19. آن جوانیکه گفتی از احمد قشنگتر است
20. لیلی از بی‌بی خانم خوشگلتر است
21. پسر شما از همه بچه‌ها ادبتر است

22. ما حالا کجا هستیم

23. به ما همچنین خرفها مزن

24. چرا میخواهید مارا بکشید هیچ پول نداریم

25. چه وقت باید به خدمتتان برسم

26. هر وقت میفرمائید حاضرم

27. این دو سگ ناخوش اند بکششان

28. اسپم زین کن

29. هر کجا که رفتیم شکار خوبی بود

30. آنجایکه دیروز بودیم بسیار جنگل بود

II.

Yäk shîrâzî ushtấsâ isfahû́n, shishnúftäsâ ke únjâ jîbbúr lố hän. yä pârấ cînî shikäsấ be sûrấte pû́l[1]) ish-kírdäsâ ti jîbäsh, ve hấr rû́z där bâzấre isfahû́n gärdíshish mîkí, muntäzír bî, ke yä jîbbúr jîbäsh búburrä tâ gû́l békhä. lếkin jîbe ối hícshû nấburrî. yä rû́zî bâ cän näfấr isfahûnî shâsấ búdän; ish-gú: „mấ mishnúftin ke isfahû́n jîbbúr lố hän, hâlî muddấtî-än, ke pû́le lố ą tî jîbąm hän, ve hämấ jâ gärdíshom kírdän; hänû́shû nấshâyisän jîb^e mấ búburrän.“ yấkî äz û isfahûnyấl ish-gú: „aî faqîr! dấh däf'ấ únci ti jîb^e tú bî, mä dấr avu, om-dî ke hämąsh cînî ishkäsấ hän, bâz om-lísht ä tîsh, ve tú it-nấfähmî.“

Übersetzung.

Ein Schiraser war nach Isfahan gekommen, er hatte gehört, daß dort viele Taschendiebe sind. Etwas zerbrochenes Porzellan in Form von Geldstücken hatte er in seine Tasche getan, und machte alle Tage im Bazar von Isfahan Spaziergänge, wartete, daß ein Taschendieb seine Tasche beraube, damit er sich täusche. Aber nie beraubten sie seine Tasche. Eines Tages war er mit einigen Isfahanern [zusammen] gesessen; er sagte: „Ich habe gehört, daß in Isfahan viele Taschendiebe sind, nun ist es eine [lange] Zeit her, daß viel Geld in meiner Tasche ist, und über-

[1]) Die richtige Dialektform ist *pîl*, wie oben in Satz 24.

all habe ich Spaziergänge gemacht; bis jetzt haben sie meine Taschen nicht berauben können.“ Einer von jenen Isfahanern sagte: „O du Armer! Zehn mal holte ich das, was in deiner Tasche war, heraus, ich sah, daß alles zerbrochenes Porzellan ist, wieder tat ich es hinein, und du merktest es nicht.“

III.

Yä rûzî yä âdâmî dâh tâ häivûn bâ yä kâghâzî ish-dá a nûkâräsh, ish-búrd a sî dûse khúsh. û nûkârä yâkî äz î gûsfändâlä a tî ráh ish-duzí, ve núh tại dîyâsh bâ kâghâz ish-búrd a sî dûse ärbábäsh. vákhtîke ôi pâkâtish váz kí, kâghâzish vạ khánd, ish-dí ke dâh tâ gûsfând a tî kâghâz nivishtâ vạ-búdän. gûsfändâl ke shishmúrd, ish-dí tâ núh tâ hän. äz û qâsídish pursí: „ inálä núh tâ gûsfând hin.“ qâsíd jäväbish dá ke: „ci ârz kunóm: núh tâ bû.“ ish-gú: „a tî kâghâz dâh tâ nivishtâ vạ-búdän.“ bâz qâsíd jäväbish dá ke: „dâh tâ bû; cí ârz kunóm.“ û âdâmä pîshe khúsh khiyâlish kí, ke î nûkâra gáhäs âdâme khârî hän, mîyûne núh tâ ve dâh tâ fârgh nímîdî. pâs a sî ânä ke a û nûkârä khûb hâlî bekû, ke núh tâ ghâir äz dâh tâ hân, dâh tâ äz âdämâle khúsh búñgeshä zâ, a û mirdâkish gú ke: „inálä bíshmâr.“ nûkâr shishmúrd. púrsish kí: „cân näfâr hísän?“ ish-gú: „dâh tâ.“ ish-gú: „khêlî khûb; hâlî inálä yäkyäkî hûshän, yâ gûsfändî bégîrän, tâ bénishûm, cân tâ äz gûsfändâl kâmin.“ päs û dâh näfârä yäkyäkî hûshtân, yâkî yâ gûsfändishû girí; dähtâî gûsfändish nâbî. û âdâmä a nûkâr ish-gú: „bébin, âdämâl dâh tâ häsân, hâmî tôrîke khút tishmúrd; ägâr gûsfändâl dâh tâ bû, bâyäd hâr âdâmî yâ gûsfând ish-bû. pâs äz î qärárä gûsfändâl núh tâ hín.“ nûkâr báz ish-gú: „cí ärz kunóm; núh tâ bû.“ ish-gú: „âdâme âkhírî a sî cí bî gûsfând múndin?“ ish-gú: „här yâkî ke gûsfändäshû girí, zirâñg budân, û dähumí tämbâl bî; ägâr tämbâl nâbî, ôi häm yâ gusfând a gírish mîạmá; ínä takhsíre bändâ nínî, takhsíre tämbälîe khúshin.“

Übersetzung.

Eines Tages gab ein Mann zehn Schafe mit einem Briefe seinem Diener, der brachte sie zu seinem Freunde. Jener Diener stahl unterwegs eines von diesen Schafen, und die neun anderen mit dem Briefe brachte er zu dem Freunde seines Herren. Als jener den Briefumschlag öffnete, den Brief las, sah er, daß zehn Schafe in dem Briefe geschrieben waren. Als er die Schafe zählte, sah er, daß es neun sind. Er fragte jenen Boten: „Dies sind neun Schafe.“ Der Bote gab zur Antwort: „Was soll ich sagen; es mögen neun sein.“ Er sagte: „In dem Briefe sind zehn Stück geschrieben.“ Wieder antwortete der Bote: „Es mögen zehn sein; was soll ich sagen.“ Jener Mann glaubte bei sich, daß jener Diener vielleicht ein eseldummer Mensch ist, zwischen neun und zehn keinen Unterschied machen kann. Also um jenem Diener gut klar zu machen, daß neun etwas anderes als zehn ist, rief er zehn seiner Leute herbei, sagte zu jenem Manne: „Zähle diese hier.“ Der Diener zählte sie. Er fragte: „Wieviel Personen sind es?“ Er sagte: „Zehn.“ Er sagte: „Sehr gut; jetzt sollen diese, jeder einzelne hingehen, ein Schaf nehmen, damit wir sehen, wie viele von den Schafen zu wenig sind.“ Also gingen jene zehn Leute, ein jeder hin, nahmen je ein Schaf; der zehnte hatte kein Schaf. Jener Mann sagte zu dem Diener: „Siehe, es sind zehn Menschen, so wie du selbst gezählt hast; wenn es zehn Schafe wären, so müßte jeder Mann ein Schaf haben. Also sind demnach die Schafe [nur] neun Stück.“ Wieder sagte der Diener: „Was soll ich sagen; es mögen neun sein.“ Er sagte: „Weshalb ist der letzte Mann ohne Schaf geblieben?“ Er sagte: „Jeder [von denen], welche ein Schaf genommen haben, war schlau, jener zehnte war faul; wenn er nicht faul gewesen wäre, so wäre auch ihm ein Schaf zu teil geworden; das ist nicht meine (des Sklaven) Schuld, es ist die Schuld seiner eigenen Faulheit.“

IV.

Där kûheyấle ätrấfe dấshte bấrm shîrshän. cän sál pîsh äz ínä yấ shîre nấre bisyár gấpî be märdúme qâfilấ hämlấsh mîâvú. yä sâhibmänsấbe iñglîsí häm näzdík bî pârấ bekû. ghîzish kírdä-sâ, cäñgál be käfấle ấspe ói shä zấdä-sâ. sâhibmänsáb zämîn vąbúdä-sâ, jấsä-sâ; ish-nấdânis, ấspäsh cí vąbí. ákhir-ul-ấmr ấsp a mänzíl shâvú; zấkhme ziyád ish-khấrdä-sâ. hấmî shîre nấr ke om-gú yấî näfấr äz îlát ish-kúshtä-sâ. zilläs-sultûn, ke hâkíme isfahûn vä fårs bî, khal'åt ve häzår tumån pîl be û shákhse dilâvär än'åmish färmû.

Übersetzung.

In den Bergen des Descht-e-berm gibt es Löwen. Einige Jahre vorher griff ein sehr großer männlicher Löwe die Karawanenleute an. Ein englischer Offizier auch, es war nahe, daß er ihn zerriß. Er war auf ihn losgesprungen, hatte seine Pranke in das Hinterteil seines Pferdes geschlagen. Der Offizier war auf die Erde gefallen, war entflohen; er wußte nicht, was aus seinem Pferde geworden ist. Schließlich brachte man das Pferd ins Quartier, es hatte viele Wunden erhalten. Eben diesen männlichen Löwen, von dem ich sprach, hatte ein Mann von den Nomaden getötet. Der Zill-es-sultan, der Gouverneur von Isfahan und Fars war, verlieh ein Ehrenkleid und 1000 Toman Geld jenem tapferen Manne als Geschenk.

V.

Yä-túrkî shutúrî måle khúsh suår vąbî, a shå'ärî råft, ve a únjâ qádrî gändúmish khärî. cu î gändúmä be qádre yå bår nåbî, gändumål ish-ríkht a tî yå líñgä khûrå ve a tî yå liñgåye dîyåsh hämvåzne gändúm såñgish kí, ve hår du liñgå a båre shutúrish kí, ąusåre shutúr ish-girí, pîâdå äz shå'är a dår âmå. Qádrî råh ke âmå, yä näfår pîâdåye dîyåshä räsî. äz ôi púrsish kí, ke: „båre shutúrät cí hän?“ túrk jäváb ish-då ke: „yå liñgåsh gändúmin, yå liñgåsh såñg.“ û âdåme pîâdå a u shuturdår ish-gú: „shutúr-râ búkhôsän; yä kårî a î båre shutúra békunom, ke häm båre shutúrät sabúk vąbû, ve häm khút suår ąbêi ve pîâdå a råh nåshêi.“ shuturbûne túrk shutúr ish-khôsûnd. û pîâdåyä hämå säñgål shä dår ríkht û gändúmä nísfäsh a tî yä liñgåye dîyå ish-ríkht ve båd båre shutúr ish-kí, a shuturbûn ish-gú: „hâlî khútäm suår ąbé.“ shuturbûn bâ khush-khâlî suår ąbî ve äz hûsh u áqle û pîâdåyä mutähayyír bî. båd äz úna ke qádrî råh råft, a pîâdå púrs ish-kí: „shumå bâ î hûsh u kämål cí qazår shutúrtû hín?“ jäváb ish-då: „híc.“ shuturbûn khiyål ish-kí, ke gåhäs gällåye ziyådshin; púrs ish-kí: „cí qazår gusfånd hin?“ bâz jäváb ish-då: „híc.“ båd púrs ish-kí: „cí qazår pîl u dôlåtin?“ jäváb ish-då: „hícom ní, ve márde fäqîrî hisám.“ shuturbûn äz shinuftâne î hárfä zíl äz shutúr pîâdâ vąbí, shutúr ish-khôsûnd ve gändúm a tî yâ liñgâ ish-ríkht, bâz liñgâye dîyâ äz sâñg púr ish-kí, khúsh pîâdâ bâ shutúr mîshú. pîâdâ ish-gú: „círâ î jûrä ät-kí?“ jäváb ish-dá ke: „ílm u dûnâí mash'ûm hin, ve säbâbe bädbakhtí hin. ägâr mash'ûm nábî, tú bâyäd bâ î hûsh u áqlä khêlî shutúr ve rämâ id-bû; ve báre shutúrom a sûräte avvál om-kí, tirsidám ke mäbâdâ äz nikbäte ílme tú yä bädbakhtí ve bälâí a mâ ve shutúre mä béräsä.“

Übersetzung.

Ein Türke stieg auf sein Kamel, ritt nach einer Stadt, und kaufte dort etwas Weizen. Da dieser Weizen nicht in der Quantität einer Last war, so schüttete er den Weizen in die eine Seite der Satteltaschen und tat in die andere Tasche Steine in dem gleichen Gewicht wie der Weizen und lud alle beide Taschen auf das Kamel, ergriff den Halfter des Kamels, kam zu Fuß aus der Stadt heraus. Als er ein Stück Weges gegangen (gekommen) war, gelangte ein anderer Fußgänger zu ihm. Er fragte ihn: „Was ist die Last deines Kamels?“ Der Türke antwortete: „Eine Hälfte ist Weizen, die andere Hälfte Steine.“ Jener zu Fuße wandernde Mann sagte zu dem Kamelbesitzer: „Laß' das Kamel sich niederlegen; ich will mit der Last des Kamels etwas anstellen, so daß sowohl die Last deines Kamels leicht wird und auch du selbst aufsteigen magst und nicht zu Fuße zu gehen brauchst.“ Der türkische Kamelführer ließ das Kamel sich niederlegen. Jener Fußwanderer schüttete alle Steine heraus und den Weizen schüttete er die Hälfte in die andere Tasche und lud es hernach auf das Kamel, sagte zum Kamelführer: „Nun steige auch du auf.“ Der Kamelführer stieg hocherfreut auf, und über die Klugheit und den Verstand jenes Fußwanderers war er erstaunt. Nachdem er ein Stück Weges gegangen, fragte er den Fußwanderer: „Bei diesem Verstand und dieser Vollkommenheit, wie viele Kamele habt ihr?“ Er antwortete: „Keines.“ Der Kamelführer glaubte, daß er vielleicht viele Herden besäße, fragte: „Wieviel Schafe habt ihr?“ Wieder antwortete er: „Keines.“ Wieder fragte er: „Wieviel Geld und Besitz habt ihr?“ Er antwortete: „Ich besitze nichts, und bin ein armer Mann.“ Der Kamelführer, nach dem Hören dieser Worte, stieg schnell vom Kamel herab, ließ das Kamel sich niederlegen und schüttete den Weizen in die eine Tasche, füllte wieder die andere Tasche mit Steinen, ging selber zu Fuße mit dem Kamel. Der Fußgänger sagte: „Warum tatest du so?“ Er antwortete: „Die Weisheit und das Wissen ist von übler Vorbedeutung und der Grund zum Unglück. Wenn es nicht von übler Vorbedeutung wäre, so müßtest du bei diesem Verstande und dieser Klugheit viel Kamele und Herden besitzen; und ich machte die Last meines Kamels wie zuerst, [weil] ich fürchtete, daß infolge des Unglückes aus deiner Weisheit ein übles Geschick und ein Unheil mich und mein Kamel treffen könne.“

VI.

óshtäm ke béshäm bắgh[1]),
yắkî mâhᵉvắshäm dî,
cûn rắñge rúkhäsh nî,
mắh där fälắkäm dî.
gúftäm[2]): „sänämâ[3]), qíblämâ, dilbắre mâ!
mum tú mîắtum.“
gúftâ[2]) ke: „úshû, góm shu, búshû,
múm cishetúm nî.“
gúftäm ke: „mắzî hắrfe cänîn,
äz dil u äz jắn tú mîắtum.“

Übersetzung.

Ich ging, daß ich in den Garten gehe,
da sah ich eine mondähnliche,
wie die Farbe ihres Antlitzes gibt es nichts,
ich sah den Mond am Himmel.

---

¹) Die Präposition „nach“ bleibt auch im mündlichen Gebrauche der Schriftsprache fast immer weg; cf. F. Rosen, Modern Persian Colloquial Grammar, S. 52.

²) Schriftpersisch! *gúftâ* sogar eine jetzt ganz veraltete Form.

³) Für *sänäm-mâ*, صنم ما.

Ich sagte: „unser Götze, unsere Gebetsrichtung,
unsere Herzensräuberin!
ich verlange nach dir.“
Sie sagte: „gehe, packe dich, geh' weg,
ich habe kein Auge auf dich.“[1])
Ich sagte: „Sprich nicht so,
von Herzen und mit ganzer Seele verlange ich nach dir.“

---

3. Pâpûnî.

I.

Sätze.

1. på̤-ba̤ tâ búshûm!
2. kújâ må̤tät béshêi?
3. må̤tumû búshûm a kûh sî shikǻl.
4. kákâ, mu tufẫñgom khärǻb vå̤bídä, må̤tom béshäm a shẫ'är, tufẫñgom ǻdämî, tâ durúsish békonän. vákhtîki tufẫñgom shû durús kí, mẫyäm, mîshûmî cǻr pẫnj rû shô a kúh mîkhâtûmi tâ bînishûm cî a gîrämû mâ yâ nẫ.
5. mú î sẫgä mîkushäm.
6. î sẫgä khêlî zílän.
7. tú sîcẫ î sẫgät kúshtä?
8. mú î ôuäm náda a tî shîshẫ.
9. î kitǻbä ûnâ rî mês.
10. mǻ dîg a yä rûä gútî tôu vå̤-bídûm.

Übersetzung.

1. Stehe auf, daß wir gehen!
2. Wohin willst du gehen?
3. Wir wollen auf die Berge zur Jagd gehen.
4. Bruder, meine Flinte ward entzwei, ich will in die Stadt gehen, meine Flinte geben, daß man sie ganz macht. Wenn sie meine Flinte zurecht machten, komme ich, wir wollen gehen, vier bis fünf Tage nachts auf den Bergen schlafen, daß wir sehen, ob etwas uns zuteil wird oder nicht.

---

[1]) Im Sinne von: „ich mag dich nicht.“

5. Ich werde diesen Hund töten.
6. Dieser Hund ist sehr schlau.
7. Warum hast du diesen Hund getötet?
8. Ich tat dies Wasser in das Glas.
9. Lege dieses Buch auf den Tisch.
10. Wir überschritten gestern einen großen Fluß.

II.

Yä shîrâzí be isfahû́n a̤ndắ bî, ishnúftä bísh, ki unjắ jîbbúr bisyắr hän. qádrî cîní shikästắ be sûrắte píl durústish kírdä bî, a tî jíbe khúshäsh ríkhtä bî, ve här rû́z a tî bâzắre isfahû́n a rắ mîshó, intizắrish mîkäshí, ki yä jîbbúrish jíbish búburrätî ki gû́l békhâ. lếiki jíbe û shû híceshû nắburrî. rû́zî khúsh û cắn näfắr isfahûní shá̤sä bî, guftắbîsh: „múm ishnuftắbî ki där isfahû́n jîbbúr bisyắr hän, va î dắm a sếl míkonäm tâ î dắm púrre jíbom pílän; î dắmä ki mulâhizắhä om-kírda, tâ jíbe mû níshûnîshâ búburrän.“ yắkî äz û isfahûnyắl^e^shu gú: „aî bícârä, dắh däf'ắ hắr ci a tî jíbät bí, a dắräm âvú; sếlom kí, tâ hämắsh cîní shikäsắ hắnî, dú däf'ắ nắm a sắre jắsh vu túd nắfahmî.“

Übersetzung.

Ein Schiraser war nach Isfahan gekommen, er hatte gehört, daß dort die Taschendiebe zahlreich sind. Er hatte etwas zerbrochenes Porzellan wie Geldstücke zurecht gemacht, hatte es in seine Tasche getan und ging jeden Tag im Bazar von Isfahan spazieren, wartete ab, daß ein Taschendieb seine Tasche beraube, damit er getäuscht würde. Aber nie beraubten sie seine Tasche. Eines Tages war er und einige Isfahaner [zusammen] gesessen, er sagte: „Ich hatte gehört, daß in Isfahan die Taschendiebe zahlreich sind, und nun sehe ich, daß jetzt meine Tasche voller Geld ist; jetzt, da ich zusah, haben sie nicht vermocht, meine Tasche zu berauben.“ Einer von jenen Isfahanern sagte: „O du Dummkopf, zehnmal holte ich, was alles in deiner Tasche war, heraus; ich sah, daß alles zerbrochenes Porzellan ist, wiederum legte ich es an seinen Ort, und du merktest es nicht.“

4. Bûriñgûnî.

I.

dîg ishtísûm a̤ kô a̤ shikậl; shikậlê umû zấî, kävấbumû kírd, mû khá; lấshish a̤ kûlằmû kírd, andísûm, umû âvúrd a̤ sî äyyấle mû, sî qâtúkhe nûne mû.

Übersetzung.

Gestern sind wir in die Berge auf die Jagd gegangen. Wir schossen ein Wild, machten Bratfleisch, aßen; seinen [des Wildes] Körper taten wir auf die Schultern, brachten ihn zu unseren Familien, zur Zuspeise zu unserem Essen [Brot].

II.

mậ cíl tâ bíδûm. ishtûm a̤ sa̤fá̤r. dá̤h näfằr duz a̤ tằî rằhe mâ dằr âmằî. dahavấ mû avás. ûshû shû zằî, mậ ham umû zằî. dá̤h näfằr avás. äz kî bî? äz mậ. dubârằ dahavấ mû kí; ûshû shû zằî, mậ ha̤m umû zằî. dá̤h tậi dằ avás. äz kî bî, ki avás? äz mậ. î dá̤h näfằr dúz ish-zằî î cíl näfằre mû, lúkhtish kí, ishû bú[1]). mậ däst-khậlî vậ-gäshtûm.

Übersetzung.

Wir waren vierzig Mann. Wir gingen auf Reisen. Zehn Räuber kamen auf unserem Wege zum Vorschein [heraus]. Wir mußten kämpfen. Sie schossen; auch wir schossen. Zehn Mann fielen. Von wem war es? Von uns. Wiederum kämpften wir; sie schossen, wir auch schossen. Zehn weitere Leute fielen. Von wem war es, die da fielen? Von uns. Diese zehn Räuber schlugen diese vierzig Leute von uns, plünderten [uns] aus, liefen weg[1]). Wir kehrten mit leeren Händen zurück.

III.

mằ tü nímîδänâ, ki dûsh bấghe mậ dúz ish-cíδa? pậishe-mû bú, a̤ duzằl räsíδûm, dahavấ-mû kí, a̤ñgûrằle-mû vậ-sằî, du-

---

[1]) = pers. ایشان بردند

bârä́ ûnîyá vḁsázeshû kí. mḁ́-shû zä́î. a̤ñgûrä́l^{e}shû a̤ má vḁ-sä́î, shû bú.

Übersetzung.

Weißt du denn[1]) nicht, daß gestern nacht Diebe unseren Garten geplündert haben? Wir rannten hinterher[2]), gelangten an die Diebe, kämpften, nahmen ihnen die Weintrauben ab. Wiederum griffen jene [uns] an. Sie schlugen uns. Sie nahmen uns die Trauben ab, machten sich davon.

IV.

yä́kî ish-mîás hûshû a̤ shikḁ́l. gó: „tä nímîära̤ hûshûm?" gó: „hûshûm a̤ kújâ?" gó: „hûshûm a̤ kô a̤ shikḁ́l." — ishtûm kóhemû gä́sht. hîcemû nä́dî. yä dästä́i dúzemû dî, dahavá mû kí, má zûremû a̤ duzä́l nä́räsî. máshû lût kí, tufäñgäle máshû bú. má däst-khḁ́lî vḁ gäshtûm, andûm a̤ khûnámû, hîcîmû a̤ gîr nä́'andâ.

Übersetzung.

Einer wollte auf die Jagd gehen. Er sagte: „Kommst du nicht, daß wir gehen?" Er sagte: „Wohin sollen wir gehen?" Er sagte: „Wir wollen in die Berge auf Jagd gehen." — Wir gingen, gingen auf dem Berge umher. Wir fanden (sahen) nichts. Eine Schar Diebe sahen wir, wir kämpften, unsere Kraft hielt den Dieben nicht stand. Sie plünderten uns aus (machten nackt), nahmen unsere Büchsen weg. Wir kehrten mit leeren Händen um, kamen nach unserem Hause, nichts ist uns zuteil geworden.

V.

„tú nímîära̤ hûshûm a̤ bḁzî?" gó: „cí bánûm?" gó: „bḁzî bánûm." gó: „ci bḁzî bánûm?" gó: „bîa kushtîr bégîrûm." — kushtîremû girûta, tä́ mḁtä rímûn. tú läghát it-zä́î kúme ma̤, tú mḁ́ tä rímûn.

Übersetzung.

„Kommst du nicht, daß wir zum Spiele gehen?" Er sagte: „Was sollen wir machen?" Er sagte: „Wir wollen spielen."

---

[1]) *mä̂* = pers. مگر.

[2]) = pers. ما عقب برديم.

Er sagte: „Was wollen wir spielen?“ Er sagte: „Komm', laß uns ringen.“ — Wir haben gerungen, du warfest mich. Du stießest einen Fußtritt gegen meinen Bauch, du warfest mich.

VI.

yä rûzî zănom ish-gó: „shilă om-durús kírda, bî békha.“ hąsăî shilă mû mîkhá.

û vákht qâsídî âmăî ki nâsireddîn shâh shû-kúsht. mą̂ dästpâcă vą-bíồûm, bisî-mû kí, äz hăr jâ tufăñgcîn âmăî, hăî-mû kí, säñgăr-mû durús kí. yä díhî mû bî, durdûná. bą̂rishû kí, andín ą tăî bûriñgûn. hąmą̂mû yăk vą-gîr vą-bíồisûm. shû-gó: „ghushăn âmăî ki díh ghârăt béku.“ mą tufăñgcîn säñgăremû girít, dähavą-mû kí, tâ pąsín dähavą̂-mû kí. shóu vą-bî, här ką̂ bushû ą mänzílish.

dubâră súb ghushăn âmăî, dähavą̂-mû kí, tâ pąsîn. mą̂ fishăñgemû khälás ą̂bî. shóu âdămemû bisî kí ą kâzärîn fishăñg ą sî mû béyârä. ishû zăî khärăle mą̂-shû bú. ą dîmdą̂sh ishtûm. yă âdămî mâle mą̂-shû zăîʸ ą gulûlă. mû-tärsî, ą dîmdásh nă-ishtûm. rûze dă ishtûm ą dîmdásh, tâ shinákhtän. khärălemû shû-dá; khärălemû omû âvúrd ą khûnă.

dubâră yä ghushíne dă hąm âmăî. dähavą̂-mû kí, omû nâlêsht ą rî díhemû biâ. tîre tufăñg ą yăkî-mû kí, tâ să rûz dähavą̂-mû kí, mû a dúmish nihá, shikästishû omû dá. tâ vákhtî ki omû bú ą mîyûn-kutą̂l. vą̂-gishtûm, andûm. khêlî sädämă-mû khá.

île túrk mîshû ą bą̂lą̂. mą tărsemû bî. hąmîjá säñgăremû girít. tâ vákhtî ki îl äz mą̂ rädd ą̂bî.

Übersetzung.

Eines Tages sagte meine Frau: „ich habe Suppe zurecht gemacht, komm, iß.“ Da aßen wir die Suppe.

Damals kam ein Bote, daß man den Nasir-eddin Schah getötet hat (tötete). Wir wurden ratlos, wir schikten [umher], von allen Orteu kamen Büchsenschützen, wir trieben an, machten eine Verschanzung zurecht. Wir besaßen ein Dorf, Durduna. Sie [die Bewohner von D.] luden auf, kamen nach Buringun hinein. Wir alle verbündeten uns miteinander. Sie sagten:

„Truppen kamen, um das Dorf zu plündern." Wir Büchsenschützen besetzten die Verschanzung, wir kämpften, bis gegen Abend kämpften wir. Es ward Nacht, ein jeder ging in seine Wohnung.

Wiederum kamen am nächsten Tage Truppen, wir kämpften bis gegen Abend. Unsere Patronen wurden alle. In der Nacht schickten wir einen Mann nach Kazärun, daß er Patronen für uns hole. Sie [die Feinde] machten sich auf, nahmen unsere Esel weg. Wir gingen hinter ihnen drein. Einen Mann von uns schossen sie mit der Kugel. Wir fürchteten uns, gingen nicht hinterdrein. Am nächsten Tage gingen wir hinterher, da sind es Bekannte. Sie gaben uns die Esel; wir brachten unsere Esel nach Hause.

Wiederum kam auch noch ein anderes Heer. Wir kämpften, ließen nicht zu, daß es über unser Dorf käme. Wir schossen Schüsse gegeneinander, drei Tage lang kämpften wir, wir verfolgten sie, bereiteten ihnen eine Niederlage. Bis daß wir nach Miyan-Kotel gelangten. Wir kehrten um, kamen [zurück]. Viel Strapazen erduldeten wir.

Ein türkischer Nomadenstamm ging ins Sommerquartier[1]). Wir fürchteten uns. Eben dort besetzten wir die Verschanzung, bis daß der Nomadenstamm an uns vorübergezogen war.

VII.

yä pîräzā́n bî, nū́mäsh khḁ̂lä murvârī́. yä bī́s tḁ̂i múrghish bî. yä tûrā́ lā́ri murghbū́nish bî. murghā́lä ish-mîcärā̂nd. yäk rûvḁ̂ âmā́î yā́ murvā́kî cā́k ish-duzdī́. û tûrā́ ish-gṓ: „ínä mā́bär, ki khḁ̂lä murvârī́ sí cârā́k pḁ̂ye mú-ish mînivîsí." rûvḁ̂ murgh ish-bú, ish-gṓ: „pḁ̂ye mḁ̣ yā́k mā́n bénivîsä."

Übersetzung.

Es war eine alte Frau, ihr Name [war] Tante Murvari. Einige zwanzig Hühner hatte sie. Ein magerer Hund war ihr Hühnerwächter. Er weidete die Hühner. Ein Fuchs kam,

[1]) Wörtlich: „aufwärts"; d. h. von dem in der Küstenebene gelegenen Winterquartier in das im Gebirge befindliche Sommerquartier. Siehe auch weiter unten Seite 100, Anm.

raubte ein fettes Hühnchen. Jener Hund sagte: „Nimm das nicht (trage nicht fort), denn Tante Murvari schreibt dafür[1]) dreiviertel [Män Geld] auf mein Konto"[2]). Der Fuchs trug das Huhn fort, sagte: „Schreibe auf mein Konto ein Män."

VIII.

yäk rûvậî bî u yä kulúñgî[3]). räfîq bîdän. kulúñg ish-gố: „tấtä, bî, búdû, tâ mähmûnit bắnom". î rûvậ andấ khûnấye kulúñg. kulúñg gändúm ish-kírd ạ rî'e bắrdî. khúsh ish-khấ, ish-nấhêsht cî ạ gîre rûvậ nấ'âmäî. rûvậ bä kulúñg ish-gố: „tú mähmûne mấ hästâ." âmấî, ấrd ish-kírd tấî ốû, ạ sî mähmûnîe kulúñg. ish-ríkht ạ rî'e bắrdî. khúsh zä'ûn ish-zấî, ish-lîsî. cî ạ gîre kulúñg nấ'âmäî.

rûvậ bä kulúñg ish-gố: „bî tâ bậzî nishûnit hấốäyom." kulúñg ish-bû ạ sạhrậ, sấre kulúñg ish-girít, ish-kírd zîre bắrd. ish-kîrd zîre shúl. kulúñg bä ruvậ ish-gút[4]): „tâ nishûnit bậzîe khúm hấốäyom." kulúñg rûvậ ish-nihấ a rî bậlish, ish-bû ạ âsemûn. û vákht ish-víl kí; ạ källậ âmấî ạ shîv, bushû ạ shô gíl.

yä gälấî âmấî sấre ốu. tâ rûvậ dîmish mîjimaní. gälấ râmish mîkí. cupûn âmấî, dîme rûvậ ish-girít, ish-bärûn ạ dîr.

rûvậ ạ cupûn ish-gố ki: „mậ mîás ạ î já ghäzînấî mấle bậvậm dấr bîârom; hâlî tút nấlêsht: búdû, yä mîshe cấkî ạ sîm bấyâr." î bushû, yä mîshe cấkî ạ sîsh âvúrd. ish-gố: „ínä lấrän, om nímîâ." gố: „búdû tấî gälấ, här kämûnish câktấrän, bấgî." bushû tấî gälấ, yä mîshe lấrî ish-girít; múfish ish-lîsî, ish-gố: „ínä cấkän, ki rôghấnish äz dämấghish dấr andấ."

âmấî, sävấre mîsh vậbî.

gúrgî âmấî tấî rậ'ạsh. ish-gố: „rûvạ, kújât mîấ hûshâ?" ish-gố: „om mîấ hûshom ạ ziyârật". ish-gố: „mạ hạmpấye khút béva." ish-gố: „bấkash tâ hûshûm."

---

[1]) Anders kann ich das *-ish* nicht erklären.

[2]) Wörtlich: „Fuß"; ein im Schriftpersischen ebenfalls gebrauchter Ausdruck.

[3]) Der Erzähler gebrauchte die drei Aussprachen: *kuläñg*, *huliñg* und *kuluñg*.

[4]) Der Erzähler wendete auch häufig die natürlich aus dem Schriftpersischen genommene Form *ish-gúft* an.

yä käftárî âmâî tâî rą̈'ąsh. ish-gô: „kújât mîâ bésha?" ish-gô: „om mîá hûshom ą ziyârąt." ish-gô: „mą hąmrâ'e khút nímîbära?" ish-gô: „bâkash tâ hûshûm."

bushû, khírsî âmâî tâî rą̈'ąsh. ish-gô: „kújâ mîshá?" ish-gô: „om mîá hûshom ą ziyârąt." gô: „mą̈ hąmrâ'e khút béva." gô: „bâkash tâ hûshûm."

î cár tâ bą̈i hą̈m ishtín. pilâñgî âmâî tâî rąshûn. ish-gô: „shumá kújâ mîshît?" ish-gô ki: „mą̈ mîshûm ą ziyârąt." gô: „mą hąm hąmrâ'e khútû bâverît." gô: „bâkash tâ hûshûm."

gurázi âmâî tâî rą̈'shû. ish-gô: „kújâ shumá itû-mîa hûshît?" gô: „mą̈-mû mîâ hûshûm ą ziyârąt." guráz hąm âmâî hąmpą̈shû.

shír âmâî tâî rą̈'shû. shír hąm âmâî hampą̈shû. rûvą̈ âmâ'y ą shív. shír säváre mísh vą̈bí.

pârâî bą̈i hą̈m ishtín. mísh avás múrd. sâre mîsheshû burríô. mísheshû nihá tâî pą̈tíl. shôu rûvą̈ pą̈ bî ish-khá. astaghûn ish-kí ą kûne gúrg. súb ą pą̈ bíôin, tâ pą̈tíl pätî'in, hícish ą tû ní. rûvą̈ ish-gút ki: „ínä kâsh khárda?" yä jûkhe ôuví bî, ishû gô: „mą̈ vä î javzą̈l ghíz mîkunûm. hâr ki î gûshta ish-khárda, astaghûn äz kyûsh mîavôí. hâr ki äz kyûsh avás, ish-mîkushûm." andín, ą î jû ghízeshû kí, astaghûn ą kyûne gúrg avás. sâre gúrgeshû burríô. gúrgeshû nihá tâî pą̈tíl.

shôu rûvą̈ bulând ą̈bí, ish-khá. astaghûn ish-kí ą kyûne khírs. súb ą pą̈ bíôin, tâ gûshtä ní. rûvą̈ ish-gô: „ínä kâsh khárda? mą̈ vä î jû ghíz mîkunûm; hâr ki ish-khárda, astaghûnish ą kyûsh mîavôí."

andín, ghízishû kí. astaghûn ą kyûne khírs avás. khírsishû kúsht, khírsishû nihá tâî pą̈tíl. rûvą̈ pą̈ bî, ínä hąm ish-khá. astaghûn ish-kí ą kyûne pilâñg.

súb pilâñgishû kúsht. pilâñgishû nihá tâî pą̈tíl. rûvą̈ ínä hąm ish-khá. astaghûn ish-kí ą kûne guráz. súb gurázishû kúsht, ûshû nihá tâî pą̈tíl. rûvą̈ ínä ish-nâkhâ, ish-gô: „khómû dú tâ bíôûm." bêr yâk-shû khá. bulând vą̈-bíôin, ishtín ą sąhrą̈.

rûvą̈ dähânish ą yâk ish-zâî. shír ish-gô: „rûvą, cí mîkhorá?" ish-gô: „gushnâm ą̈bí, císhe rásimą om-där-ą̈vú, om-khá." shír ish-gô: „císhe mą̈ dâr-ą̈, ki mą̈ hąm gushnâmä." ínäsh där-ą̈vú ish-khá, císhe shír kûr ish-kí. ishtín ą rî yä kämâre bulândî. rûvą̈ ish-gô: „âî shîr! bą̈vą̈ye mą̈ vä khúde bą̈vą̈ye tą̈ vä î kämá̈r ghîzishû mîkí; hâlî tâ khómûn ham bá̆kunûm. tú nihá ghîz mîkuná yâ mą̈ bá̆kûnom? tú nihá ghîz bá̆kun, ki gäftârî.“

shîr císhish kû́r bî; äz kämá̈r avás ą̈ shîv, mù́rd.

Übersetzung.

Ein Fuchs war und ein Kranich. Sie wurden Freunde. Der Kranich sagte: „Onkel! komm, laufe, daß ich dich bewirte.“ Dieser Fuchs kam zum Hause des Kranichs. Der Kranich tat Weizen auf einen Stein. Er selbst aß, ließ nicht zu, nichts bekam der Fuchs. Der Fuchs sagte zum Kranich: „Du sei mein Gast.“ Er kam, tat Mehl in Wasser, zur Bewirtung des Kranichs. Er goß es auf einen Stein. Er selbst legte (schlug) die Zunge daran, leckte es auf. Der Kranich bekam nichts.

Der Fuchs sagte zum Kranich: „Komm, daß ich dir ein Spiel zeige.“ Er führte (brachte) den Kranich in die Wüste, ergriff den Kopf des Kranichs, steckte (tat) ihn unter die Steine, steckte ihn unter das nasse Erdreich. Der Kranich sagte zum Fuchs: „Nun will ich dir mein Spiel zeigen.“ Der Kranich legte den Fuchs auf seine Flügel, trug ihn zum Himmel. Dann ließ er ihn los; von oben fiel (kam) er hinab, ging unter die Erde.

Eine Herde kam zum Wasser. [Sie sieht], daß der Fuchs seinen Schwanz bewegt. Die Herde scheute. Der Hirt kam, ergriff den Schwanz des Fuchses, warf ihn fort. Der Fuchs sagte zum Hirten: „Ich wollte hier den Schatz meines Vaters herausholen; jetzt ließest du es nicht zu; laufe, bringe ein fettes Schaf für mich her.“ Dieser ging, brachte ein fettes Schaf für ihn. Er sagte: „Dieses ist mager, ich will es nicht.“ Er sagte: „Laufe in die Herde, welches nur immer fetter ist, das nimm.“ Er ging in die Herde, nahm ein mageres Schaf; er leckte dessen Rotz, sagte: „Dieses ist fett, da sein Fett aus seiner Nase kommt (kam).“

Er kam, stieg auf das Schaf.

Ein Wolf kam daher auf seinem Wege. Er sagte: „Fuchs, wohin willst du gehen?“ Er sagte: „Ich will auf die Wallfahrt gehen.“ Er sagte: „Nimm[1]) mich mit dir.“ Er sagte: „Los (ziehe), daß wir gehen.“

[1]) béva ist persisch ببر.

Eine Hyäne kam daher auf seinem Wege. Sie sagte: „Wohin willst du gehen?“ Er sagte: „Ich will auf die Wallfahrt gehen.“ Sie sagte: „Nimmst du mich nicht mit dir?“ Er sagte: „Los, daß wir gehen.“

Er ging weiter; ein Bär kam daher auf seinem Wege. Er sagte: „Wohin gehst du?“ Er sagte: „Ich will auf die Wallfahrt gehen.“ Er sagte: „Nimm mich mit dir.“ Er sagte: „Los, daß wir gehen.“

Diese vier gingen miteinander. Ein Leopard kam daher auf ihrem Wege. Er sagte: „Wohin geht ihr?“ Er sagte: „Wir gehen auf die Wallfahrt.“ Er sagte: „Nehmt auch mich mit euch.“ Er sagte: „Los, daß wir gehen.“

Ein Eber kam daher auf ihrem Wege. Er sagte: „Wohin wollt ihr gehen?“ Er sagte: „Wir wollen auf die Wallfahrt gehen.“ Auch der Eber kam mit ihnen.

Der Löwe kam daher auf ihrem Wege. Auch der Löwe kam mit ihnen. Der Fuchs stieg (kam) herunter. Der Löwe stieg auf das Schaf. Ein Stückchen gingen sie zusammen. Das Schaf fiel, starb. Sie schnitten den Kopf des Schafes ab. Sie legten das Schaf in den Topf. Des Nachts stand der Fuchs auf, fraß es. Die Knochen tat er in den Hintern des Wolfes. Morgens standen sie auf, da ist der Topf leer, nichts ist darin. Der Fuchs sagte: „Dieses, wer hat es gefressen?“ Ein Wassergraben war da, sie sagten: „Wir werden über diesen Graben springen. Wer immer dies Fleisch gefressen hat, aus dessen Hintern werden die Knochen fallen. Aus wessen Hintern sie fallen (fielen), den werden wir töten.“ Sie kamen, sprangen über diesen Graben, die Knochen fielen aus dem Hintern des Wolfes. Sie schnitten den Kopf des Wolfes ab. Sie legten den Wolf in den Topf.

Des Nachts stand der Fuchs auf, fraß es. Die Knochen tat er in den Hintern des Bären. Morgens standen sie auf, es ist das Fleisch nicht da. Der Fuchs sagte: „Wer hat dies gefressen? Wir werden über diesen Graben springen; wer immer es gefressen hat, aus dessen Hintern werden die Knochen fallen.“

Sie kamen, sprangen. Die Knochen fielen aus dem Hintern des Bären. Sie töteten den Bären, sie legten den Bären in den Topf. Der Fuchs stand auf, fraß auch diesen. Die Knochen tat er in den Hintern des Leoparden.

Am nächsten Tage töteten sie den Leoparden. Sie legten den Leoparden in den Topf. Der Fuchs fraß auch diesen. Die Knochen tat er in den Hintern des Ebers. Am nächsten Tage töteten sie den Eber, sie legten ihn in den Topf. Der Fuchs fraß diesen nicht, er sagte: „Jetzt wurden wir [nur noch] zwei.“ Zusammen fraßen sie. Sie erhoben sich, gingen in die Wüste.

Der Fuchs machte sein Maul auf und zu (schlug das Maul aufeinander). Der Löwe sagte: „Fuchs, was frißt du?“ Er sagte: „Ich war hungrig, mein rechtes Auge riß ich heraus, fraß es.“ Der Löwe sagte: „Reiße meine Augen aus, denn auch ich bin hungrig.“ Er riß diese aus, er fraß sie, die Augen des Löwen machte er blind. Sie gingen auf einen hohen Bergabsturz. Der Fuchs sagte: „O Löwe! Mein Vater und dein eigener Vater pflegten auf diesem Bergabhang zu springen; jetzt wollen wir selber auch springen. Wirst du zuerst springen, oder soll ich springen? Springe du zuerst, da du der Vornehmere bist.“

Der Löwe, sein Auge war blind; er fiel von dem Berghang hinab, starb.

IX.

mál-a̤-bḁlḁ̂ yä bärrấî a̤ dombâle ấshûm [1]) víl ḁ̂-biδá. yäk sấgî andá, bḁ̂ bärrấ räfîq vḁ̂-biδín. ishtín, där yä bîḁ̂bûnî ma̤nzíl'shû kí. sấg ish-gô: „omshôu khútä nigahδár, tâ mâ̤ hûshom a̤ yä jấî, kḁ̂rî om hấn.“

rûvḁ̂î âmấî, bärrấsh a̤ cḁ̂l kí. bushú, yä gúrgî ish-päîδá kí. ish-gô: „yä bärrấye cấkî mom päiδá kírda.“ gúrg bḁ̂ î rûvḁ̂ âmấî. rûvḁ̂ bärrấsh a̤ nishûne gúrg dáδ. gúrg ki âmấî, bärrấ ish-gô: „sälámun alêk!“ rûvḁ̂ ish-gô: „bärrấna̤ béshkä tâ békhorûm.“ gúrg ish-gô: „tâ yä buhûnấî sîsh päîδá békunûm, ú vakht ish békushûm.“ ish-gô: „áî bấrrä! ma̤ dḁ̂h män

[1]) Pers. احشام.

rôghạ́n ạ bậvật tälä́bom hin. hậlî rôghä́nom háδạ." ish-gô: „tú hûshû ạ mạnzílit. mạ́ sêl ạ tû dạftạ́re bậvậm bánom; ägä́r hín, mîδäyom."

gúrg bushû. sä́g âmä́î ish-gô: „cí vä hálit guzä́shti?" ish-gô: „yä gúrgî bậ yä rûvậî andín, mạ́ békhorin. om-gô: hûshît, säbá bîärît."

sä́g ish-gô: „hậlî mîδäná ci bánûm?" yä ujághe gútî tû yä yûrde túrkî bî. sä́g ish-gô: „mạ́ mîshóm tä́î ínä, kír ậ-mîbạ́m. tú aláf ạ ändûnit békạn, bîâ bérîz ạ rî mạ́." sä́g panhûn vậ-bíδa. gúrg bậ rûvậ andín. gúrg ạ bärrä́ ish-gô: „vậ-räsî it-kírda yâ nä́kirda?" bärrä́ ish-gô: „vậ-räsî om-kírda; beδáδom nî. bîậ dä́ste tä bä́zän rî ujághe bậvậm, ki „mạ́ tälä́bom hin." û vákhtä úsan." gúrg bushû, dä́st ish-zä́î rî mâzä́ye sä́g, ki sä́g ạ pậ bî; khúd u gúrg pärîdin vä hạm, sä́g ish-zä́î, gúrgish rimûn. rûvậ ish-gô: „nä́ om-gô, ujághe bậvậye bärrä́ ujághe túndî hin?"

makhlás zûrish ạ sä́g nä́räsî, vílish kí, búshû. sä́g bậ bärrä́ vậ îstáδin, tâ mál-ạ-zîr îl âmä́î. ishtín ạ tä́î äshûm.

Übersetzung.

Auf dem Wege ins Sommerquartier[1]) ging ein Lamm verloren, hinter dem Zuge des Stammes. Ein Hund kam, wurde mit dem Lamme Freund. Sie gingen, nahmen (machten) Wohnung in einer Einöde. Der Hund sagte: „Heute abend bewahre dich; ich gehe irgend wohin, ich habe zu tun."

Ein Fuchs kam, spürte das Lamm auf. Er ging, suchte einen Wolf. Er sagte: „Ich habe ein fettes Lamm ausfindig gemacht." Der Wolf kam mit diesem Fuchse. Der Fuchs zeigte dem Wolfe das Lamm. Als der Wolf kam, sagte das Lamm: „Friede sei mit dir!" Der Fuchs sagte: „Zerreiße (zerbrich) das Lamm, daß wir es fressen." Der Wolf sagte: „Laß uns einen Vorwand für es suchen, dann wollen wir es töten." Er sagte: „O Lamm! Ich habe zehn Män Butter von deinem

---

[1]) *mâl-ạ-bâlâ*, und am Schlusse der Erzählung: *mâl-ạ-zîr*, wörtlich persisch: خانه به بالا resp. خانه به زير. Wenn die Nomaden ihren Zug (احشام) ins Sommerquartier antreten, so führten sie ihre Herden und Zelte (*mâl*) ins Gebirge, also „hinauf"; im Herbst „hinab" in die Ebenen.

Vater zu fordern. Gib mir jetzt die Butter.“ Es sagte: „Du gehe jetzt nach deiner Wohnung. Ich will in dem Notizbuche meines Vaters nachsehen; wenn es [die Forderung] vorhanden ist, so werde ich es geben.“

Der Wolf ging. Der Hund kam, sagte: „Wie ist es dir ergangen?“ Es sagte: „Ein Wolf mit einem Fuchse kamen, um mich zu fressen. Ich sagte: Gehet, kommt morgen.“

Der Hund sagte: ,,Weißt du, was wir jetzt tun?“ Es war ein großer Feuerherd in einem Türkenzelte da. Der Hund sagte: „Ich gehe in dieses, verberge mich. Du reiße Gras mit deinen Zähnen aus, komme, streue es über mich.“ Der Hund ward verborgen. Der Wolf mit dem Fuchs, sie kamen. Der Wolf sagte zum Lamm: „Hast du es festgestellt, oder nicht?“ Das Lamm sagte: „Ich habe es festgestellt, ich habe keine Schulden. [Aber] komm’, lege deine Hand auf den Herd meines Vaters, daß du die Forderung hast[1]). Dann nimm es in Empfang.“ Der Wolf ging, legte die Hand auf den Nacken des Hundes; da sprang der Hund auf; er und der Wolf stürzten sich gegeneinander, der Hund schlug, warf den Wolf nieder. Der Fuchs sagte: „Sagte ich nicht, daß der Herd des Vaters des Lammes ein heißer Herd ist?“ Schließlich kam seine [des Wolfes] Kraft nicht gegen den Hund an, er ließ los, floh. Der Hund mit dem Lamme, sie warteten (standen), bis auf dem Wege ins Winterquartier der Nomadenstamm ankam. Sie gingen in den Nomadenzug.

X.

yä âdấmî yä gḁ̂î ish-bî, yä khấrî ha̤m ish-bî.

khîshish mîkí a̤ bḁ̂re khấr. jô ha̤m ish-mîkí a̤ bḁ̂re khấr. mîshû a̤ sa̤hrấ. khîshish mîkí, pa̤sîn mîandín a̤ mänzíl. yä rûzî gḁ́ khêlî khästấsh vḁ̂-bíôisâ. shôu äläf ish-nấkhâ. súb khấrishû rônd bishtín a̤ sa̤hrấ. khấrishû ba̤st a̤ khîsh. tâ pa̤sîn khîshishû a̤ khấr kí. andín a̤ khûnấ. gḁ́ púrsish a̤ khấr mîkí: „tú omrû cí it-mîkí?“ ish-gô: „ma̤shû bú a̤ ta̤î yä cämấnî, om-ca̤rd.“ ish-gô: „gấpe ma̤ císhû mîzấî?“ „ishû-gô:

[1]) Wörtlich in der oratio directa: „ich habe die Forderung“.

„åyär gą̊ äläf ish-nåki, säbą̊ ish-mîkushûm.“ gą̊ zahlą̊sh bushû, omshôu äläf ish-khå. súbishû bú ą khîsh.

Übersetzung.

Ein Mann hatte ein Rind, auch einen Esel hatte er. Den Pflug pflegte er dem Esel aufzuladen. Auch Gerste lud er dem Esel auf. [So] pflegte er auf das Feld zu gehen. Er pflügte; am Nachmittage kamen sie nach Hause. Eines Tages war das Rind sehr müde geworden. Zur Nacht fraß es kein Heu. Am Morgen trieben sie den Esel an, gingen auf das Feld. Den Esel spannten sie vor den Pflug. Bis zum Nachmittage pflügten sie mit dem Esel. Sie kamen nach Hause. Das Rind fragte den Esel: „Was tatest du heut?“ Er sagte: „Sie brachten mich auf eine Wiese, ich weidete.“ Es sagte: „Was sagten sie in bezug auf mich?“ Sie sagten: „Wenn das Rind sein Heu nicht frißt (machte), töten wir es.“ Dem Rind entwich der Mut, diese Nacht fraß es das Heu. Am nächsten Tage brachten sie es zur Pflugarbeit.

XI.

yä rävåte då békäshom.

yäk âdåmî bî, yä nôkår ish-bî. ínä dukkûnîå ham ish-bî. ínä shôu tû dukkûn ish-mîkhątî. súb ą pą̊ mîbî, dukkûn pą̊käpą̊kîzåsh mîkí. yä súbî âghåsh âmäî: tâ ínä ą kháu pą̊ nåbiδa. búñgîsh ish-kí; äz kháu bidą̊r ą̊bî, ish-gô ki: „tú sî cí î miją̊l khątisa?“ nôkår ish-gô: „khêr nåbîna; om-mîås yä kháuî bébinom, it-nålêsht.“ ish-gô: „cí kháuî it-mîås bébina?“ ish-gô: „sąd tumąn it-mîδäyom, kháuit ą sîm bégo.“ gô: „nímîguyom.“

bushû, árz ish-kí ą shą̊ ki: „mą yä nôkårî om-bî, yä kháuî ish-dîta, shą sîm någôta.“ shą̊ bä nôkår ish-gô: „häzår tumąn it-mîδäyom, kháuit ą sîm bégo.“ gô: „nímîguyom.“ shą̊ ish-gô: „ą shår dår bânîd tâ hûshû.“ shû ą dår kí.

bushû ą yä shåre då. bushû ą dåme mäîδûn, tâ jänjålî hin. ish-pursî ą yä âδåmî ki: „cí khäbärin?“ gô: „pą̊dishą̊ yä dôtî ish-hin; ish-gô ki hår ki î dôta shą gäp âvú, dôt måle khúshin. häzår tâ ą̊δåm andá, shû nåtärista shą gäp bîârin.

î häzár tâ âδấm shû kúshta." gô: „sî cí shû kúshta?" gô: „mîärín, rävát sî dôte pą̊dishą̊ mîkäshín. dôte pą̊dishą̊ ą̤ gấp nímîäri. î âδấma ish-nímîshâ shą̤ gấp bîâri, ish-mîkushín."

ish-gô: „mą̤ säbásh ą̤ gą̤p mîârôm, tâ dấ kấsî ish-nấkushi."

mäjlís bushû; här kấ bushû ą̤ mänzílish, gô: „säbá nôbấye mą̊."

súb andín ą̤ tấî mäîdûn. tą̤khtishû âvú, dôt âmấî, ą̤ rîsh shą̤st. pâδʼrấîshû gärdûn dôre tą̤kht. yä sąndą̤lishû nihá zîre pą̊ye nôkấr. âmấî, ą̤ rîsh shą̤st, ki rivą̊ʼät békäshi sî dôte pąd̊ishą̊; rúsh ish-kí ą̤ mäjlís, púshtish ish-kí ą̤ dôt. nôkấr ish-gô: „âî áhle mäjlís! yä näjją̊rî bą̊ yä khäyyą̊tî bą̊ yä mấrde mâmínî räfîq ą̊biδín. ą̤ shấr ą̤ dấr andín; andín där yä bîâbûnî, mänzílishû kí, ishû gô: „nûbấ-nûbấ kishík bézänûm tâ súb." shôu vą̊bî, tấshishû búr kí. nûbấ âmấî ą̤ näjjár. pą̊ bî, yä âδấmî cûî ish-durús kí. ish-zấî dấme mänzíl. bushû, khą̊tî. nûbấye khäyyát ą̊bî; khäyyát pą̊ bî, tâ yä âδấmî dấme mänzílin; hấr ci búñgish ish-zấî, ish-gô: „tä kấsa?" jäváb ish-nấdâ. khäyyát bushû bírish, ish-dî tâ âdấme cûghîʼin. libás ish-dúkht, ish-kí ą̤ bấrish. bushû khą̊tî.

nûbấye mâmín vą̊bî. ish-gô: „ínä âdấme cûghî ish-durús kírda, úna hą̤m libásish ą̤ bấr ish-kírda. khudấyâ! mấ cí bánom?" nidá äz âsemûn âmấî ki jûn hûshû ą̤ tấnish.

ún sấ räfîq jấrrishû kí sấre î âdấma.

hâlî shumá mîguʼîd, háqq bą̊ jânîbe kấmû yäkîshin?"

märdúm ishû-gô ki: „háqq bą̊ jânîbe näjjárin, ki ish-durús kírda." yấkî dấ ish-gô: „háqq bą̊ jânîbe khäyyátin, ki libás ą̤ bấrish ish-kírda." dôt ish-gô: „aî pídär-suhtägấl! háqq bą̊ jânị̂be únin ki jûnish ą̤ qą̊líb kírda."

ínä dôte pą̊dishą̊ shą̤ gấp âvú. mäjlís ą̤ pą̊ bî, här kấ bushû ą̤ mänzílish. omrûzishû kấsîshû nấkusht.

säbá nûbät vą̊bî ą̤ nôkấr. andín, tą̤khtishû zấî tû mäîδûn. dôte pą̊dishą̊ âmấî, ą̤ rî tą̤kht shą̤st. nôkấr hą̤m âmấî, ą̤ rî sąndą̤lî shą̤st.

ish-gô: „âî áhle mäjlís! yä pą̊dishą̊î bî, yä dôtî ish-bî. vą̤zîrî hą̤m ish-bî. sấ tâ pús ish-bî.

pą̊dishą̊ ish-gô: „vą̤zîr! î yấk dôte mą̤ úsa ą̤ sî yấkî ä pusgấlit." ish-gô ki: mą̤ î tôr nímîδäyom." yấkî dîvîs tumún ish-dá ạ pusälish, ä shär shạ dăr kí, ki ma'âmilă bánin, tâ ma'alûm béshû, kămû yăkîsh ziriñgtărin.

ishtín där yäk shärî. ishtín tăî bḁzḁr. ish-dî tâ yä âδămî yä kitḁbî shạ dăstin. ish-gô: „kitḁbit cạnd?" ish-gô: „divís tumăn." ish-gô: „î kitḁba hăr vilâyătî âdăm bămî, vä tăî î kitḁba ma'alûmin." ish-khärî, âmăî ạ mänzíl.

säbá kakḁye dăsh bushû ạ bḁzḁr. ish-dî tâ yä âδămî yä ghḁlîcăî ạ rî kûlishin. ish-gô: „î ghḁlîcă cạnd?" ish-gô: „divís tumăn." ish-gô: „î ghḁlîcă mḁle hazrăte siläîmûnin; hăr kä tûsh hûnî, här vilâyătî ki ish-bévâ hûshû, î ghḁlîcă ish-mîbí." ish-khärî, ish-bû ạ mänzíl.

säbá nôbă âmăî[y] ạ púse khurdû. bushû[y] ạ bḁzḁr. tâ âdămî jûmî shạ dăstin, mî'aräshí. ish-gô: „î jûma cạnd?" ish-gô: „divís tumăn." ish-gô: „î jûma cínin, ki divís tumăn qîmătishin?" ish-gô: „î jûma ä δu púr békuna, ạ rî săre hăr murdăî băriza, zindă vḁ-mîbû." ína divís tumăn ish-dá, jûm ish-khärî.

ishtín ạ mänzíle khúshû, să tâ kakḁî. kakḁye buzurgû âmăî, sêle kitḁb ish-kí. gô: „ḁi vḁî! dôte pḁdishḁ múrd." andín, ghḁlína ishû bărûn ạ rî zämín, sä tḁí shḁsin ạ tû ghḁlí. ghḁlí havâí vḁ-bí u bushû.

ishtín ạ hḁmû shă're khúshû, tâ dôte pḁdishḁ múrdin. ishû mîás băgîrin ạ käfḁn, shạ khḁk băkunin.

púse khurdû ish-gô: „shạ khák măkunî, tâ mḁ băyḁm." âmăî jûm ạ púre δu ish-kí, ish-rikht ạ rî săre dôte shḁ. dôt zindă vḁbí.

kakḁyăl jărrishû avás. hḁlí, aî áhle mäjlís, băgû'íd, háqq ạ jâníbe kúmû yăkîshin."

märdúm ishû-gô: „háqq bä jâníbe û kakḁyin, ki sêle kitḁb ish-kírda." yä pârăî hạm ishû-gô ki: „háqq ạ jâníbe û in, ki ghḁlí ish-bärûna." dôt ish-gô: „píδär-suhtägäl! háqq bä jâníbe únin, ki jûnish ạ qḁlíb kírda."

mäjlís bulănd ḁbí, ishtín ạ mänzíleshû. säbá hạm gírd ḁ-biδăn tăî mäîδûn. nôkăr ish-gô: „dú tḁ kakḁ bíδän, yăkîsh ḁlím bî, yăkîsh hạm zḁlím bî. û kakḁî ki âbíδ bî, sâlî yă däf'ă mîâmăî khûnăye kakḁsh. khḁtíδin. û kakḁ ạ î kakḁ ki mihmûnish bî, ish-gô: „tú nimîära hûshûm ạ hammûm?" ish-gô: „mą̈ hammûm lązímom nínin.“ khúsh bushû ą hammûm.. kakąî päî säre ôî shäîtûnî vąbí. ish-gô: „cí bäkunom; kakąm äz bäräsh khiyąl päîdä vą-mîbû.“ färyäd ish-mîkí ki: „mą shäîtûnî vą-bíδisąm.“ zäne kakąsh búñg ish-zäî: „cítin färyäd mîkuná? tâ yä pątîl ôuvî ą sît gärm mîkunóm; khút ą ghúls häδą.“ khúsh ish-mîshúsht. ish-dî kaką äz hammûm âmäî. ish-gô: „sî cí bąî mą näandâ? vä khiyälät ą sî kaką päîdä vą-bî?“ ish-gô: „tä yä kärît ą ayyäle mą it-kírda!“

kakąyäl shû ą dähavą kí. ôî ish-zäî, säre ínäsh pärûnd; î kaką hąm ish-zäî, säre û kakąsh pärûnd. zäîfä âmäî täî käre khúsh särgärdûn ąbî. gô: „khudäyâ! mą cí bäkunom?“ khudą mälâyikäîsh bisî kí; âmäî, dú tą sär ish-âvú, ish-nihä vä dú tą tän. säre û kakąya ish-nihä vä täne î kakąya; säre ína hąm ish-nihä vä û kakąya. î dú tâ kaką zindä vą-bíδän. dähavąshû kí säre zän.

aî áhle mäjlís! háqq ą jâníbe kúmû yäkîshin?“ shû-gô: „háqq ą jânibe hámû shôhärishin.“ dôt ish-gô: „háqq bä jânibe ûnin, ki zäîfä ish-bévâ.“

mäjlís buländ vąbî, här kä bushûy ą mänzílish. nôkär ishû-bú ą khûnäye pądishą. dôta ághdishû kí, ishû-dą ą nôkär, nôkär dôt ish-isäî.

Übersetzung.

Eine andere Geschichte will ich erzählen.

Es war ein Mann, er hatte einen Diener. Er hatte auch einen Laden. Dieser [Diener] pflegte des Nachts in dem Laden zu schlafen. Des Morgens stand er auf, machte den Laden sauber. Eines Morgens kam sein Herr: da ist jener vom Schlafe [noch] nicht aufgestanden. Er rief ihn, der wurde aus dem Schlafe wach; er sagte: „Warum schläfst du noch um diese Zeit?“ Der Diener sagte: „Gutes mögest du nicht erleben (sehen); ich sollte (wollte) einen Traum träumen, du ließest es nicht zu.“ Er sagte: „Was für einen Traum warst du im Begriff zu träumen?“ Er sagte [weiter]: „Ich gebe dir hundert Toman, sage mir deinen Traum.“ Er sagte: „Ich sage ihn nicht.“

Er ging, klagte beim König: „Ich hatte einen Diener, er hat einen Traum gesehen, hat ihn mir nicht gesagt.“ Der

König sagte zu dem Diener: „Ich gebe dir tausend Toman, sage mir deinen Traum.“ Er sagte: „Ich sage ihn nicht.“ Der König sagte: „Treibt (macht) ihn aus der Stadt hinaus, daß er gehe.“ Sie trieben ihn aus der Stadt.

Er ging in eine andere Stadt. Er ging an den Hauptplatz, da ist ein Gedränge. Er fragte einen Mann: „Was ist los?“ Er sagte: „Der König hat eine Tochter; er sagte daß wer nur immer diese Tochter zum Sprechen brachte, dem die Tochter gehören solle. Tausend Männer kamen, haben sie nicht zum Sprechen bringen können. Diese tausend Männer hat man getötet.“ Er sagte: „Weshalb hat man sie getötet?“

Er sagte: „Sie kommen, erzählen eine Geschichte der Tochter des Königs. Die Tochter des Königs kommt nicht zum Reden. Den Mann, der sie nicht zum Reden bringen konnte, töten sie.“

Er sagte: „Ich werde sie morgen zum Reden bringen, damit sie weiter keinen tötet.“ Die Leute (die Versammlung) gingen weg; ein jeder ging nach seinem Hause; sie sagten: „Morgen ist die Reihe an uns.“

Am Morgen kamen sie auf den Platz. Man brachte den Thron, die Tochter kam, setzte sich darauf. Einen Vorhang zog man rings um den Thron. Einen Sessel setzte man für den Diener hin[1]). Er kam, setzte sich darauf, um eine Geschichte für die Tochter des Königs zu erzählen; er wendete sein Antlitz zu der Versammlung, seinen Rücken kehrte er der Tochter zu. Der Diener sagte: „O Leute der Versammlung! Ein Zimmermann mit einem Schneider mit einem frommen Manne, sie wurden Freund. Sie kamen aus der Stadt, kamen in eine Wüste, nahmen Quartier, sagten: „Abwechselnd wollen wir Wache halten bis zum Morgen.“ Es ward Nacht, sie zündeten ein Feuer an. Die Reihe kam an den Zimmermann. Er stand auf, machte einen hölzernen Menschen zurecht. Er stellte ihn an den Eingang des Quartiers. Ging, legte sich

[1]) Wörtlich „setzte man [für] unter-die-Füße des Dieners hin.“ Ähnlich wird im Persischen die Verbindung زیر پا als ein Substantiv, im Sinne von „Fußteppich“ gebraucht.

schlafen. Es kam die Reihe an den Schneider; der Schneider stand auf; da ist ein Mensch am Eingange des Quartiers; soviel er ihn auch rief, sagte: „Wer bist du?“, er gab keine Antwort. Der Schneider ging zu ihm, da sah er, es ist ein Mensch aus Holz. Er nähte Kleider, tat sie ihm um. Ging, legte sich schlafen.

Es kam die Reihe an den Frommen. Er sagte: „Dieser da hat den hölzernen Menschen zurecht gemacht; und dieser hat ihm Kleider umgetan. O Gott! Was soll ich tun?“ Eine Stimme kam vom Himmel, daß Leben eingehen solle in seinen Körper.

Jene drei Freunde stritten um diesen Menschen. Nun saget ihr, wem von ihnen das größte Anrecht zusteht?“

Die Leute sagten: „Das Anrecht hat der Zimmermann, der ihn hergestellt hat.“ Ein anderer sagte: „Das Anrecht hat der Schneider, der ihm Kleider umgetan hat.“ Die Tochter sagte: „O, ihr Schurken! das Anrecht hat derjenige, der ihm Leben in den Körper getan hat.“

Dieser brachte [so] die Tochter des Königs zum Reden. Die Versammlung erhob sich, ein jeder ging nach seinem Hause. An jenem Tage tötete man niemanden.

Am nächsten Tage kam die Reihe [wieder] an den Diener. Sie kamen, schlugen einen Thron auf auf dem Platze. Die Tochter des Königs kam, setzte sich auf den Thron. Auch der Diener kam, setzte sich auf den Stuhl.

Er sagte: „O Leute der Versammlung! Es war ein König, der hatte eine Tochter. Einen Wezir auch hatte er. Der hatte drei Söhne.

Der König sagte: „Wezir! nimm diese eine Tochter für einen deiner Söhne.“ Er sagte: „So gebe ich sie nicht.“ Er gab zweihundert Toman jedem seiner Söhne, hieß sie die Stadt verlassen, daß sie Handel treiben sollten, damit es sich zeige, welcher von ihnen schlauer ist.

Sie gingen in eine Stadt. Sie gingen in den Bazar. Er (der älteste) sah, ein Mann hat ein Buch in seiner Hand. Er sagte: „Wie teuer ist dein Buch?“ Er sagte: „Zweihundert Toman.“ Er sagte: „Dieses Buch, in welchem Lande auch immer ein Mensch stirbt, das wird in diesem Buche offenbar." Er kaufte es, kam nach Hause. Am nächsten Tage ging sein anderer Bruder in den Bazar. Er sah, ein Mensch hat einen Teppich auf seiner Schulter. Er sagte: „Wie teuer ist dieser Teppich?" Er sagte: „Zweihundert Toman." Er sagte: „Dieser Teppich stammt von der Majestät des Salomo; wer immer auf ihm niedersitzt, den trägt der Teppich, wohin er immer gehen mag." Er kaufte ihn, trug ihn in seine Wohnung.

Am nächsten Tage kam die Reihe an den jüngsten Sohn. Er ging in den Bazar. Da hat ein Mann einen Becher in seiner Hand, er will ihn verkaufen. Er sagte: „Wie teuer ist dieser Becher?" Er sagte: „Zweihundert Toman." Er sagte: „Was ist dieser Becher, daß sein Preis zweihundert Toman ist?" Er sagte: „Wenn du diesen Becher voll Wasser machst, jeder Tote, auf dessen Kopf du ihn gießest, der wird lebendig." Dieser gab zweihundert Toman, kaufte den Becher.

Sie gingen nach ihrer Wohnung, die drei Brüder. Der älteste Bruder kam, sah in das Buch. Er sagte: „O weh! die Tochter des Königs starb." Sie kamen, breiteten den Teppich auf der Erde aus, die drei setzten sich auf den Teppich. Der Teppich flog auf[1]), ging davon.

Sie gingen in eben ihre Stadt, da ist die Tochter des Königs gestorben. Man wollte sie in das Leichentuch wickeln, sie bestatten.

Der jüngste Sohn sagte: „Bestattet sie nicht, bis ich komme." Er kam, füllte den Becher mit Wasser, goß ihn über die Tochter des Königs. Die Tochter ward lebendig.

Den Brüdern entstand Streit. Nun, ihr Leute der Versammlung, saget, bei wem von ihnen das Recht ist."

Die Leute sagten: „Das Recht ist auf der Seite jenes Bruders, der das Buch eingesehen hat." Ein Teil auch sagte: „Das Recht ist auf der Seite jenes, der den Teppich ausgebreitet hat." Die Tochter sagte: „Ihr Schurken! Das Recht ist auf der Seite dessen, der Leben in den Körper gebracht hat."

---

[1]) Persisch: هوائی شد „wurde luftig, dem Luftraum angehörend".

Die Versammlung erhob sich, sie gingen nach ihren Wohnungen. Am nächsten Morgen versammelten sie sich wieder auf dem Platze. Der Diener sagte: „Es waren zwei Brüder, der eine war weise, und der andere roh. Jener Bruder, der gottesfürchtig war, pflegte des Jahres einmal in das Haus seines Bruders zu kommen. Sie legten sich zur Ruhe. Jener Bruder sagte zu dem Bruder, welcher sein Gast war: „Kommst du nicht, daß wir ins Bad gehen?“ Er sagte: „Ich habe ein Bad nicht nötig.“ Er allein ging ins Bad. Der Bruder hatte hernach eine Pollution. Er sagte: „Was soll ich tun? In Hinsicht auf den Bruder wird gegen mich ein böser Verdacht entstehen.“ Er wehklagte: „Ich hatte eine Pollution gehabt.“ Die Frau seines Bruders rief: „Was ist dir, daß du klagst? Ich werde für dich einen Topf Wasser heiß machen, unterziehe dich der Waschung.“ Er wusch sich. Er sah, daß sein Bruder aus dem Bade zurückkam. Er sagte: „Warum kamst du nicht mit mir? Und hattest du eine böse Absicht in bezug auf den Bruder?“ Er sagte weiter: „Du hast etwas mit meiner Frau gemacht!“

Die Brüder begannen Streit. Jener schlug, hieb den Kopf dieses ab; dieser Bruder auch schlug, hieb den Kopf jenes Bruders ab.

Die Frau kam, ward über ihre Angelegenheit verzweifelt. Sie sagte: „O Gott! Was soll ich tun?“ Gott schickte einen Engel; er kam, holte beide Köpfe, setzte sie auf die beiden Körper. [Aber] den Kopf jenes Bruders setzte er auf den Körper dieses Bruders; und den Kopf dieses setzte er auf den Körper jenes Bruders. Diese beiden Brüder wurden lebendig. Sie stritten um die Frau.

Ihr Leute der Versammlung! Auf wessen Seite ist das Recht?“ Sie sagten: „Das Recht ist auf der Seite eben ihres Gatten.“ Die Tochter sagte: „Das Recht ist auf der Seite dessen, den die Frau will.“

Die Versammlung erhob sich, jeder ging nach seiner Wohnung. Den Diener brachten sie in das Haus des Königs. Sie verlobten ihm die Tochter, gaben sie dem Diener, der Diener erhielt die Tochter zur Frau.

XII.

yäk âkhúndî bî, ayyạlî hạm ish-bí. bîcârắ bî, hícish nắbî. âmắî, ish-gố: „om-mîắ hûshom píshe khudắ, ki yä ríksî om-hắồi."

bushû ạ yä märgäzắrî, vär-khúrd ish-kí vä yä shírî. shír ish-gố: „ắî âdämîzắd! it-mîắ kújâ béshäî?" ish-gố: „om-mîắ hûshom píshe khudắ; khudắ yä cím hắồi." shír ish-gố: „mạ yä ạrzî om-hín. û jâ ki bíshta, bégôî, ki mạ där î bîâbûn hạstạm. hắr cî mîkhoróm, sír ạ-nímîbạm."

âkhúnd äz î rắdd vạbí. bushû, vär-khúrd ish-kí där yä bắghî. bushûî píshe bâghäbûn, vä shôu îjạ mihmûne bâghạbûn ạ-bí. bâghạbûn ish-gố: „ắkhund! kújâ mîshắ?" ish-gố: „om-mîắ hûshom píshe khudắ, ạrze hắlî om-hín." bâghạbûn ish-gố: „ûjạ hạm ạrzî sî mạ hạm békû, bégû: mạ bắghî om-hín, sämắre bisyắrî mîkû, vä bäräkắtî ish-ní, vä cí bắyäd ish-kí?" âkhúnd äz îjạ hạm bushû.

bushû ạ yä bîâbûnî. tâ câdíre bisyắr där î bîâbûn bulắnd vạ-bíồa. urdû bisyắrî hạm hin. ish-dí yä sävắrî äz urdû jiồắ vạbí, âmắî. ish-gố: „ắkhund! kújâ mîshắ?" gố: „mîshóm píshe khudắ, ạrzî om-hín." gố: „mạ ạrzî om-hin, ki ûjạ hạm bégûya." gố: „cắshm, mígûyom." ish-gố: „bégûî, î urdû hạmắsh mạle mạ hin, dôlắte bisyắrî hạm om-hín, vä läzzắtî ạ dinyắ nímîfạhmom. ûjắ bégûî, säbắbish cí hin?"

âkhúnd bushû, räsí ạ mänzíl. ạrzish kí; ish-gố: „ạvvạl ki andạm, shírî tû rắ om-dí. ish-gố, ki ûjạ bégûî ki mạ hắr cî mîkhoróm, sír ạ-nímibạm." khudạvắnd ish-gố: „yäk âồắme ạblắhî päîồắ békû, mắghze källắye ôî bắkhû, ki yắ gunjíshkî ki it-khắ, sír ạ-mîbắ. bä bâghạbûn hạm bégûî, ki hạf tâ gắnj zíre ôurôe bắghit hin ûn(ä)ạ dắr bíạr, vä bắghe ki hâsíl mîkû, bäräkắtish hin. bä û sävắr hạm bégûî ki tắ dôtî hắsa. hắr käs kish-fahmí ki tắ dôtî hắsa, bä hạmû û shôhắr békû, ki läzzắte dinyắ mífạhma." bä âkhúnd ish-gố ki: „búshû, ki rûzíe khút hạm om-dắ." âkhúnd vạgắsht, âmắî ạ píshe sävắr. sävắr âmắî ạ tắî rắhäsh. ish-gố: „ci khäbắrî tä sî mạ it-âvúrda?" ish-gố ki: „khudâvắnd ish-gốta ki tắ dôtî hắsa, hắr kish-fahmí ki tắ dôtî hắsa, bä hạmû. û shôhắr békô, ki läzzắtî mífahmắ." ish-gố: „ắkhund! híc kắ nímîồû, ki mạ dôti hắsạm. mạ pạdishạ hắsạm, î urdû, înắ hạmắ mḁle má̤ hin. hâlí tú mîδûní, bíḁ íja̤ tâ má̤ vḁ́bäm a̤ zắne tú. tú pḁdishḁ́, má̤ ha̤m zắnit. î dôlắt vä î urdû ha̤mắsh a̤ sî tắ." âkhúnd qabûlish nắki, bushûî. bushû a̤ píshe bâghäbûn. a̤ bâghäbûn ha̤m ish-gô: „hḁ́f tâ gắnj a̤ tắî bághit-in. î hắf tâ gắnj a̤ dắr bíḁr ki bághit bäräkắtish hin." bâghäbûn ish-gô: „aî ákhund! má̤ yä dôte bisyár khûbî om-hin; vắt míδäyom, vä ha̤mîjá bémûn, î gänjá ha̤m dắr bíârûm. î dôlắt, î bágh, î gắnj ha̤mắ a̤ sî khút."

âkhúnd ish-qabûl nắki, bushû. räsí a̤ shír. shír ish-gô ki: „cí it-gô?" âkhúnd a̤ sî shír ta'aríf ish-kí, ish-gô ki: „dôtî âmắí tắî rắ'äm, ish-gô ki: má úsa, vä má̤ pḁdishḁ́ hắsa̤m. má̤ qabûl om-nắki. bâghäbûn ha̤m ish-gô ki: yä dôte khûbî om-hín, vâ bágh u vâ gắnj ha̤mắ it-mîδäyóm; qabûl om-nắki." shír ish-gô: „náqle má̤ cí it-gô?" ish-gô: „khudắ ish-gô ki yäk âdắme ablắhî päîdá békô, mághze källắsh bẹ́khâ, ki yắ gunjíshkî ki bekhorá, sír ḁ-mîbá." shír ish-gô ki: „ablắhî mísle khút gíre ma̤ nímîâ. ägắr tú nắ ablắh bíδa, ki î ha̤mắ dôlắt ki khudắ a̤ tú ish-dắ, sî cí qabûl it-nắki? béδän ki tú ablắh hắsa." shír ish-zắî, âkhúnd ish-khúrd kí, mághze källắsh ish-khắ; ki yắ gunjíshkî ki ish-mîkhắ, sír ḁ-mîbí.

Übersetzung.

Es war ein Gelehrter, der auch Familie hatte. Er war mittellos, nichts besaß er. Er kam, sagte: „Ich will zu Gott gehen, daß er mir einen Lebensunterhalt gebe."

Er ging in ein Feld, traf auf einen Löwen. Der Löwe sagte: „O Menschenkind! Wohin willst du gehen?" Er sagte: „Ich will zu Gott gehen; Gott soll mir etwas schenken." Der Löwe sagte: „Ich habe ein Anliegen. Wenn du dorthin gehst (gingest), so sage, daß ich in dieser Wüste bin. Soviel ich auch esse, ich werde nicht satt."

Der Gelehrte ging an diesem vorüber. Er ging, traf auf einen Garten. Er ging zu dem Gärtner, in der Nacht ward er dort Gast des Gärtners. Der Gärtner sagte: „Gelehrter! Wohin gehst du?" Er sagte: „Ich will zu Gott gehen, will ihm meine Lage vorstellen." Der Gärtner sagte: „Bringe dort auch betreffs meiner ein Anliegen vor, sage: ich besitze einen Garten, er trägt viel Frucht, aber er bringt keinen Vorteil (hat keinen Segen), und was muß getan werden?“ Der Gelehrte ging auch dort vorbei.

Er ging in eine Wüste. Da sind viele Zelte in dieser Wüste aufgeschlagen. Auch ein großes Heer ist dort. Er sah, ein Reiter trennte sich von dem Heere, kam herzu. Er sagte: „Gelehrter! Wohin gehst du?“ Er sagte: „Ich gehe zu Gott, ich habe ein Anliegen.“ Er sagte: „Ich habe ein Anliegen, das du dort vorbringen (sagen) mögest.“ Er sagte: „Gerne, ich werde es vorbringen.“ Er sagte: „Sage: dies Heer ist alles mein, auch habe ich vielen Besitz, aber ich finde kein Vergnügen an der Welt. Frage (sage) dort, was der Grund davon ist.“

Der Gelehrte ging, gelangte nach dem Bestimmungsort. Er brachte sein Anliegen vor, sagte: „Zuerst, als ich herkam, traf (sah) ich unterwegs einen Löwen. Der sagte: sage dort, daß ich, soviel ich auch esse, nicht satt werde.“ Gott sagte: „Mache einen dummen Menschen ausfindig, friß' das Gehirn von dessen Schädel; dann wirst du, wenn du einen Sperling frißt (fraßest), satt werden. Und dem Gärtner sage: sieben Schätze befinden sich unter dem Wasserlaufe deines Gartens. Die hole heraus, und sobald der Garten Frucht trägt, wird er [dir] Vorteil bringen. Jenem Reiter auch sage: du bist ein Mädchen. Derjenige der erfuhr, daß du ein Mädchen bist, den heirate, damit du das Vergnügen der Welt erfahrest.“ Zu dem Gelehrten sagte er: „Gehe, auch deinen eigenen Lebensunterhalt gewährte ich dir.“ Der Gelehrte kehrte um, kam zu dem Reiter. Der Reiter kam auf seinen Weg. Er sagte: „Was für eine Nachricht hast du für mich gebracht?“ Er sagte: „Gott hat gesagt, daß du ein Mädchen bist; wer nur immer erfuhr, daß du ein Mädchen bist, mit eben dem verheirate dich, daß du ein Vergnügen erfahrest.“ Sie sagte: „Gelehrter! Niemand weiß, daß ich ein Mädchen bin. Ich bin König, dieses Heer, alles dies gehört mir. Jetzt weißt du es; komme her, daß ich zu deiner Frau werde. Du [sei] König, und ich deine Frau. Dieser Besitz und dieses Heer alles sei für dich.“ Der Gelehrte willigte nicht ein, ging davon. Er ging zu dem Gärtner. Und zu dem Gärtner sagte er: „Sieben

Schätze sind in deinem Garten. Diese sieben Schätze bringe heraus, dann bringt dein Garten Vorteil.“ Der Gärtner sagte: „O Gelehrter! Ich habe eine sehr schöne Tochter; ich werde sie dir geben; bleibe hier, wir wollen auch diese Schätze heraus holen. Dieser Besitz, dieser Garten, dieser Schatz, alles soll für dich sein.“

Der Gelehrte willigte nicht ein, ging davon. Er gelangte zu dem Löwen. Der Löwe sagte: „Was sagtest du?“ Der Gelehrte erzählte dem Löwen, sagte: „Ein Mädchen kam auf meinen Weg, sagte: nimm mich [zur Frau,] ich bin Königin. Ich willigte nicht ein. Der Gärtner auch sagte: ich habe eine schöne Tochter; samt dem Garten und allen Schätzen will ich sie dir geben; ich willigte nicht ein.“ Der Löwe sagte: „Was sagtest du in bezug auf mich?“ Er sagte: „Gott sagte: mache einen dummen Menschen ausfindig, friß' das Gehirn aus seinem Schädel; wenn du dann einen Sperling fressen wirst, wirst du satt werden.“ Der Löwe sagte: „Ein Dummer, wie du selbst, kommt mir nicht in die Hand. Wenn du nicht dumm wärest, warum nahmst du allen diesen Reichtum, den Gott dir gab, nicht an? Wisse, daß du dumm bist.“ Der Löwe schlug zu, zerstückelte den Gelehrten, fraß das Gehirn aus seinem Schädel; wenn er nun einen Sperling fraß, pflegte er satt zu werden.

XIII.

yä kakḁ̂-sí bî, yä zấne khûbî ish-bí. mîshûîy a̤ kḁ̂r; ínä dämḁ̂ghish cák bî, âjír ish-mîbärûn a̤ rî kḁ̂r. yä shákhsî ish-gô ki: „ínä dämḁ̂ghish khêlî cákin; yâ yä zấne khûbî ish-hín, yâ dôlấte bisyárî ish-hín.“ ínä kḁ̂rish mîkí; pa̤sín ki mîshû, tâ zä'îfấ qḁ̂̈îlûnish cḁ̂k kírda, nämấdish ha̤m ish-mîbärûn, cḁ̂ísh ha̤m dấmish mîkí. û shákhs âmấî, yäk pîrä-zấnish bisí kí, ish-gô: „búshû, khûnấye kakḁ̂-sí päîdá békû. bínom ki zấnish cí-tôr zấnî-än.“

î pîrä-zấn tasbísh a̤ rî dấst ish-bärûn, ish-gô: „má̤ kälbelḁ̂í häsḁ́m.“ bushû, khûnấye kakḁ̂-sísh päîdá kí. sha̤ zä'îfấ ish-gôt: „hḁ̂̈îfe tú nábâ, ki zấne î sí vâ̤-bíðisa; tú a̤ sî shḁ̂ khûb isa.“ âkhír zä'îfấsh yâghí kí. pa̤sín kakḁ̂ äz kḁ̂r âmấî, tâ nä qäîlûnî hin, nä cḁ̂í hin, nä zîre-pásh bärûna. zä'îfấ ûjá̤ bî dämḁ̂gh shą̈stin. kakā̦ bär hą̈m vā̦-bí. súb bushû ą̈ kā̦r, tâ mísle hą̈r rûzî nímîshâ kā̦r békû. khêlî ghusắsh mîkhā̦. yä pîräzắne dắ âmắî tắî rắ kakā̦-sí. ish-gô: „cítin?" ish-gô: „yä zắne khûbî om-hín; yắkî bishtą̈ rā̦shä ish-zắîya. hâlî nímîδänom cí bắyäd om-kírd." ish-gô: „yä rā̦hî ą̈ dắstit mîδäyóm." gô: „cí rā̦îy ą̈ dắstom mîδäyá?" gô: „pą̈sín ki ishtắîy ą̈ khûnắ, lûlắîna vắrdâr, búdû tû kinâre ôu, bézäsh ą̈ zämín. vákhtî it-ishkûn, ûsí giryắ békû." kakā̦-sí mîshû ą̈ khûnắsh. lûlắî vắr mîgí, mîshû ą̈ kinâre ôu, ish-mîzí, ish-mîshkäní. zắne khúsh ish-gô: „cî mắrgetin? sî yắ lûlắî giryắ mîkuná?" ish-gô: „î lûlắî bä mą̈ märhą̈m vā̦-bíδa. hâlî tâ hûshom yä lûlắî békhärom. vä ôu dắr bîắr, ą̈ mą̈ märhą̈m vā̦bû." zä'îfắ ish-gô: „aî dắd u bîdắd! ínä shôhắr äz-om märhą̈m vā̦-bíδa. tâ mą̈ ínä vêl békunom béshom yä shôhắr dắ békunom, úmre mą̈ ą̈ sắrin. shôhắrom vêl nímîkunom." âmắî, qäîlûn ish-cák kí, cā̦îsh ą̈ sî kakā̦ durús ish-kí. kakā̦-sí dubârắ dämā̦ghish cā̦k ā̦bí. bushû ą̈ sắre kā̦rish.

Übersetzung.

Es war ein Neger, der hatte eine gute Frau. Er pflegte zur [Pflüge-] Arbeit zu gehen; da war seine Laune gut, er warf Ziegeln empor auf die Arbeit. Jemand sagte: „Der da ist ja sehr guter Dinge; entweder hat er eine gute Frau, oder sehr viel Besitz." Er [der Neger] tat seine Arbeit; gegen Abend, wenn er ging, da hat die Frau die Wasserpfeife zurecht gemacht, auch pflegte sie seinen Filzteppich auszubreiten, den Tee heiß zu machen. Jener Mann kam, schickte ein altes Weib aus, sagte: „Gehe, mache die Wohnung des Negers ausfindig, ich will sehen, was für ein Weib seine Frau ist."

Das alte Weib legte (warf) einen Rosenkranz auf ihre Hand, sagte: „Ich bin Kerbela-Pilgerin." Sie ging, fand das Haus des Negers. Zu der Frau sagte sie: „Ist es um dich nicht schade, daß du die Frau dieses Schwarzen geworden bist; du bist für den König gut." Schließlich machte sie die Frau aufsässig. Gegen Abend kam der Neger von der Arbeit, da ist weder die Wasserpfeife, noch Tee, noch der Teppich ausgelegt. Die Frau sitzt dort in schlechter Laune. Der Neger ward verzweifelt. Am nächsten Morgen ging er zur Arbeit, aber er konnte nicht wie sonst (wie jeden Tag) arbeiten. Er litt viel Kummer. Ein anderes altes Weib kam dem Neger in den Weg. Sie sagte: „Was ist dir?“ Er sagte: „Ich habe eine gute Frau; nun ist jemand gegangen, hat sie aufsässig gemacht[1]). Nun weiß ich nicht, was ich tun soll.“ Sie sagte: „Ich werde dir einen Ausweg in die Hand geben.“ Er sagte: „Was für einen Weg gibst du mir in die Hand?“ Er sagte: „Wenn du am Abend nach Hause gehst (gingest), so nimm die Wasserkanne, laufe nach dem Abort, wirf sie auf die Erde. Sobald du sie zerbrochen, dann wehklage.“ Der Neger geht nach seinem Hause. Er nimmt die Wasserkanne, geht nach dem Abort, wirft sie hin, zerbricht sie. Seine Frau sagte: „Was ist denn mit dir los (was ist dein Tod)? Wegen einer Wasserkanne weinst du?“ Er sagte: „Diese Kanne ist mir ans Herz gewachsen. Jetzt soll ich hingehen, eine Kanne kaufen. Hole sie aus dem Wasser heraus, sie ist mir ans Herz gewachsen.“ Die Frau sagte: „O wehe! Dieser Gatte ist mir ans Herz gewachsen. Wenn ich ihn jetzt verlassen, hingehen sollte, einen anderen heiraten, ist mein Leben dahin. Ich gebe meinen Gatten nicht auf.“ Sie kam, machte die Wasserpfeife zurecht, bereitete Tee für den Neger. Der Neger ward wieder guter Laune. Er ging an seine Arbeit.

XIV.

där zämâne shậ abbậs rạkhte därvîshí ish-mîpûshí, mîshûîy ạ̈ gärdísht. ishtísâ där yä vilâyâtî, mû-sârish bulând vậ-bíðisâ. yäk dällâkî âmâî, lúñgish ish-bärûn dôre gärdânish. yä âdâmî dâ âmâî, ish-gô: „sâre därvîsh mâtirâsh, ạ̈vvâl sâre mạ̈ bâtirâsh.“ tâ hạ̈ft däf'â ish-mîâs sâre därvîsh bétirâshi, yâkî dâ âmâî ish-gô: „ạ̈vvâl sâre mạ̈ bâtirâsh.“ därvîsh ish-gô: „aî dällâke sälmânî! hâr käs sârî ish-hín ve sâmânî.“

därvîsh käñgûlish ish-bärûn ạ̈ gärdânish u bushû. vär-khúrd ish-kí ạ̈ yä câdir-nishînî, âmâî, ạ̈ dâme yä khûnâî shạ̈s. tâ mạ̈hạ̈lle zúhr gällâ âmâî. cupûne î gällâ sâhíbe hạ̈mî khûnâ hin. ish-gô: „si cí mạ̈häbbâte därvîsh nâkirda?“ âmâî qạ̈jlûnîsh âvú ạ̈ sî därvîsh, nihârish hạm âvú ạ̈ sî därvîsh. yä zâni ish-bî

[1]) Persisch: راهشرا زده است „hat ihr den Weg verlegt“.

u yä nänấî. ish-gố: „mutäväjjíhe därvísh vạ-bí.“ därvísh shôu mihmûne hạmí cupûn bí. zấne cupûn âusấn bî. shốu andín, därvíshishû bú tấî câdír. päδrấîshû hạm gärdûn. därvísh shûm ish-khá u khạtí. zä'îfấ zấî, yä púsîsh âvú. därvísh ish-dí, yä âδấmî âmấî, päδrấ ish-zấîy ạ bâlá, bushûîy ạ tấî khûnấ. âmấîy ạ dấr. därvísh dấstish ish-girít, ish-gố: „tấ kí hísa?“ û âδấm ish-gố: „cí kấritin?“ gố: „rásishä bégôî.“ ish-gố: „mạ́ takhdír vu näsíb mînivîsóm. hâlí ishtísạm pîshûníye î bäcấ om-nivíshta.“ gố: „cí it-nivíshta?“ ish-gố: „î bäcấ om-nivíshta, ki cạrdấh-sạlâî arûsí mîkû, va hạ́mû shốu^e arûsí yä gúrgî päîdá vạ-mîbû, kúme î bäcấ pạrấ mîkû.“ bushû.

därvísh hạm súb bushú. bushû ạ vilạyätish. rạ́khte därvîshí ish-där-âvú; rạ́khte pạ́dishạhí ish-pûshí u bushû ạ sấre tạ́kht. dú tâ sävár ish-bisí kí, gố: „hûshî, dällákä bíạrî, khûnấye cupûna hạm bár bấkunî u bíạrî.“

sävârấ mîshín, dällák vạ cupûn bạ́r mîkunín, ish-mîạrín. dällák khêlî ish-mîtärsí ki: „ínä shạ abbạ́s bíδa; mạ́ sạ́risha dîmdạ́ye hạmấ om-tirásht; hâlí shạ abbạ́s äzîätom mîkû.“ shạ abbạ́s sấd tumấn ish-âvú, ish-dá ạ dällák. ish-gố: „bérô.“ khûnấye cupûn ish-nigáh-dásht. púse cupûn hạ́ft-sạlấ vạ-bí. shạ kutố kí. tâ sấre cạrdấh sạ́l mullá ish-kí. shạ abbạ́s yä khûnấ ish-durús kí, hạ́ft tâ pạs-khûnấ, dấrisha âhäní ish-kí. sî pús arûsí ish-kí, ish-bû ạ tấî î khûnấ. hạ́ft tâ dấrä qúlf ish-kí. qúlfish ish-nihá ạ täî jíbish. û hạ́mû pạ́se dấr shạ́s, sî khạtíre ki gúrg nấyạyi. pús arûs ish-täsarrúf kí. bạ hạ́m bạzí shû-mîkí. dốt ish-gố: „tâ yäk gúrgî durús bấkunûm.“ gúrge shulí shû-durús kí. bạzí shû-mîkí. yấk dạf'ấ ínä vạ-bí ạ yäk ğúrgî. ish-zấî, kúme pús ish-pârấ kí. dốt hạmûjá shạ́s tâ súb.

súb shạ abbạ́s âmấî, därấl ish-vạ́ kí. bushûî vấre dốt. tâ pús kúmish pârấ'än, ûjá bärûna.

shạ abbạ́s dấstish ạ dändûn girít ki: „î cí-tôr ạ-bí, ki mạ́ î därấl om-qúlf kí, î gúrg ạ kúja bushû, kúme ínäsh pârấ kí.“ ish-bû, shạ khák kí.

Übersetzung.

In der Zeit des Schah Abbas pflegte er Derwischkleider anzuziehen, ging spazieren. Er war in eine Provinz gekommen, sein Kopfhaar war zu lang geworden. Ein Barbier kam, tat seine Serviette um seinen (des Derwisches) Nacken. Ein anderer Mann kam, sagte: „Rasiere den Kopf des Derwisches nicht, rasiere erst meinen Kopf." Siebenmal wollte er den Kopf des Derwisches rasieren, [immer] kam ein anderer, sagte: „Rasiere erst meinen Kopf." Der Derwisch sagte: „O du Barbier, Muselman! Ein jeder hat doch einen Kopf und eine Grenze [seiner Geduld(?)]."

Der Derwisch warf seinen Keschkul um seinen Nacken und ging. Er traf auf einen Nomadenstamm. Er kam, setzte sich vor einem Zelte nieder. Um die Mittagszeit kam die Herde. Der Hirt dieser Herde ist der Besitzer eben dieses Zeltes. Er sagte: „Weshalb ist dem Derwisch Bewirtung nicht zuteil (gemacht) worden?" Er kam, brachte die Wasserpfeife für den Derwisch, Frühstück auch brachte er für den Derwisch. Er hatte eine Frau und eine Mutter. Er sagte: „Sorgt für den Derwisch." Der Derwisch ward für die Nacht Gast eben dieses Hirten. Die Frau des Hirten war schwanger. Zur Nacht kamen sie, holten den Derwisch in das Zelt. Einen Vorhang zogen sie. Der Derwisch aß das Nachtmahl und legte sich nieder. Die Frau gebar, brachte einen Knaben zur Welt. Der Derwisch sah, ein Mann kam, schlug den Vorhang in die Höhe, ging in das Zelt. Er kam [wieder] heraus. Der Derwisch ergriff ihn bei der Hand, sagte: „Wer bist du?" Jener Mensch sagte: „Was geht das dich an?" Er sagte: „Sage die Wahrheit davon." Er sagte: „Ich schreibe das Schicksal und das Geschick. Jetzt bin ich gegangen, habe die Stirne dieses Kindes beschrieben." Er sagte: „Was hast du geschrieben?" Er sagte: „Dieses Kind habe ich beschrieben, daß es vierzehnjährig heiraten wird, und daß in eben der Nacht der Hochzeit ein Wolf erscheinen wird, den Bauch dieses Knaben zerreißen wird." Er ging.

Auch der Derwisch ging am Morgen weg. Er ging in sein Land. Er zog die Derwischkleider aus und ging auf seinen Thron. Er schickte zwei Reiter, sagte: „Gehet, holet den Barbier, auch die Familie des Hirten laßt aufladen und bringt sie her." Die Reiter brechen auf, lassen den Barbier mit dem Hirten sich aufmachen, bringen ihn. Der Barbier fürchtete sich sehr, [sagte sich]: „Das ist Schah Abbas gewesen; ich rasierte seinen Kopf erst nach allen [anderen]; nun wird mich Schah Abbas bestrafen.“ Schah Abbas holte hundert Toman, gab sie dem Barbier. Er sagte: „Gehe!“ Den Haushalt des Hirten behielt er [bei sich]. Der Knabe des Hirten ward sieben Jahre alt. Er tat ihn in die Schule. Bis zum Termin von vierzehn Jahren machte er ihn zum Mulla. Schah Abbas ließ ein Haus erbauen, sieben Höfe; seine [des Hauses] Türe machte er von Eisen. Für den Sohn suchte er eine Braut. Er brachte ihn in dieses Haus. Die sieben Türen verschloß er. Den Schlüssel steckte er in seine Tasche. Und gerade hinter das Tor setzte er sich, damit der Wolf nicht [hinein] käme. Der Jüngling nahm Besitz von der Braut. Sie spielten miteinander. Das Mädchen sagte: „Laß uns einen Wolf zurecht machen.“ Sie machten einen Wolf aus Lehm zurecht. Sie spielten damit. Mit einem Male ward dieser zu einem [lebenden] Wolfe. Er schlug zu, zerfleischte den Bauch des Jünglings. Das Mädchen saß dort bis zum Morgen.

Am Morgen kam Schah Abbas, öffnete die Türen. Er ging zu dem Mädchen. Da ist dem Jüngling der Leib zerfleischt, dort ist er ausgestreckt. Schah Abbas griff seine Hand mit den Zähnen[1]), [sagte zu sich]: „Wie geschah dieses? Denn ich schloß diese Türen ab; von wo ging dieser Wolf [hinein], zerfleischte den Leib dieses?“ Er ließ ihn davontragen, bestatten.

XV.

yä pạ̊dishạ̊hî bî, vạzîrî ish-bî. pạ̊dishạ̊ ish-pursî ä vạzîr ki: „äz hạmắî cî sạbztạ̊r cî'in?“ ish-nắshas jävâb hâδî. ish-gô: „äz hạmắî cî shîrîntạ̊r cí hin?“ hạm ish-nắshas jävâb hâδî. ish-gô: „äz hạmắî cî bû'ish bihtạ̊r cí hin?“ ish-nắshas jävâb hâδî. muhlắte cíl rûzắ ish-khâst. tâ muddắt räsî bä cíl rûz. yä dôte khûbî vạzîr ish-bî. ish-gô: „bạ̊bạ, cítin bî-dämạ̊ghisa?“ vạzîr täî kạ̊re khúsh häịrûn bî. vạzîr ạ dôtish ish-gô ki: „sắ tâ mạs'ạlắ pạ̊dishạ̊ ä mạ̊ ish-pursíδa. om-nắshas jävâbish hâδäyom.“

[1]) Bei den Persern eine sehr beliebte Attitüde, zum Ausdruck der Bedenklichkeit des Gehörten. Man vgl. den von Aug. Müller (Der Islam II S. 281) zitierten Ausdruck „des persischen Geschichtsschreibers“.

ish-gô: „cí pursísh ish-kírda?" ish-gô: „äz hamäî cî sabztâr cí hin; duyyúm ish-gô: äz hamäî cî shîrîntâr cí hin; siyyúm ham ish-pursî ki bûî äz hamäî cî khushtâr cí hin." dôt ish-gô: „bâba, âmre âsûnî hin. äz hamäî cî sabztâr ôu hin. äz hamäî cî shîrîntâr zäne shôhärî hin. äz hamäî cî bû-khushtâr nûne gändúm hin."

vazîr dílish khäsh âbî. bushû a bíre pâdishâ. ish-gô: „hâlî säre cíl rûzä hin; hâlá tâ jäväbe härfit háðäyom." vazîr sä tâ púrsî ki pâdishâ isha kí, jäväbish ish-dá. pâdishâ ish-gô: „ínä käsh a sît ish-gôta?" vazîr ish-gô: „ínä khóm om-gôta." gô: „rásish bégûî." ish-gô: „yä dôtî om-hín, ínä sha sîm gôta." gô: „béshî, dôt bîârî."

dôtishû âvú; sha dôt pursî: „tú dôtî hísa; cí-tôr it-fahmíða ki zäne shôhärî shîrînin?" ish-gô: „yä shôu bîðár bíðam, bavâm bire nänäm bî. yä kakâî om-bî, giryäsh mîkí. inyâ a häm jidá vâ-nímîbiðän. om-fahmî, ki zäne shôhärî shîrînin." pâdishâ sha dôt pursî: „cí-tôr it-fahmî, ki nûn bû-khúshin?" ish-gô: „yä nûnbâî näzîke khûnämû bî; ínä vákhtî púkht ish-mîkí, bûye nûnish khúsh bî." ish-gô: „cí-tôr it-fahmî, ki äz hamäî cî sabztâr ôu hin?" ish-gô: „här kuja ôu mîshû, giyáh sâbz â-mîbû."

pâdishâ ish-dî, tâ dôte âqílî hin. ish-gô: „ínä sî mâ khûbin." dôtish áhd kí, arûsî ish-kí, ish-isäî.

Übersetzung.

Es war ein König, er hatte einen Wezir. Der König fragte den Wezir: „Was ist grüner als alle Dinge?" Er konnte keine Antwort geben. Er sagte: „Was ist süßer als alle Dinge?" Ebenfalls konnte er keine Antwort geben. Er sagte: „Wessen Geruch ist besser als der aller Dinge?" Er konnte keine Antwort geben. Er verlangte eine Frist von vierzig Tagen. Schließlich kam es zum Ende der vierzig Tage. Der Wezir hatte eine gute Tochter. Sie sagte: „Vater, was ist dir, daß du schlechter Laune bist?" [Denn] der Wezir war über seine Lage betrübt. Der Wezir sagte zu seiner Tochter: „Drei Fragen hat der König mir vorgelegt. Ich konnte keine Antwort darauf geben." Sie sagte: „Was hat er gefragt?" Er sagte: „Was ist grüner als alle Dinge; zweitens sagte er: was ist süßer als alle Dinge; drittens auch fragte er, welcher Geruch ist der angenehmste von allen?" Die Tochter sagte: „Vater, das ist eine leichte Sache. Grüner als alle Dinge ist das Wasser. Süßer als alles ist das eheliche Weib. Wohlriechender als alles ist das Weizenbrot."

Der Wezir ward herzensfroh. Er ging zum Könige. Er sagte: „Jetzt ist das Ende der vierzig Tage da; jetzt werde ich dir die Antwort auf deine Fragen geben." Der Wezir gab die Antwort auf die drei Fragen, die der König ihm gestellt hat. Der König sagte: „Wer hat dir dieses gesagt?" Der Wezir sagte: „Das habe ich selbst gesagt." Er sagte: „Sage die Wahrheit!" Er sagte: „Ich habe eine Tochter, sie hat mir dieses gesagt." Er sagte: „Gehet, holet die Tochter."

Man holte das Mädchen; er fragte das Mädchen: „Du bist eine Jungfrau, wieso hast du erfahren, daß ein Eheweib süß ist?" Sie sagte: „Eines Nachts war ich wach, mein Vater war bei meiner Mutter. Ich hatte einen Bruder, der weinte. [Aber] diese trennten sich nicht voneinander. Da begriff ich, daß ein Eheweib süß ist." Der König fragte das Mädchen: „Wie erfuhrest du, daß Brot wohlriechend ist?" Sie sagte: „Ein Brotbäcker war nahe unserem Hause; da war, wann er buk, der Geruch des Brotes angenehm." Er sagte: „Wie erfuhrest du, daß das Wasser grüner als alle Dinge ist?" Sie sagte: „Wohin immer das Wasser geht, wird das Gras grün."

Der König sah, daß es ein verständiges Mädchen ist. Er sagte: „Diese ist für mich passend (gut)." Er verlobte sich mit dem Mädchen, heiratete sie, nahm sie [zur Frau].

XVI.

cár tâ gúrg bî; yä kakḁ̂ îshû́ bî, nâkhấsh bî. rûvḁ̂ âmấî, gû́le gúrg ish-zấî, ish-gố: „kakḁ̂t háδä a̤ dấste mâ̤, tâ zílish bánom." kakḁ̂ye nâkhấsh ishû́-âvú. shû-âvú a̤ mänzíle rûvḁ̂. rûvḁ̂ ish-gố: „shimá dấ hû́shît; sấre cíl rûzấ bấ'ît, kakḁ̂tû bấverît."

bishtín. rûvḁ̂ ha̤m ínä ish-bû́ täî khûnấsh. gúrgish pârấ kí, ish-khá. ish-gốtä bî ki: „hấr rû́z dumbấ bîḁ̂rî, ki om-mîấ mâlíshte lḁ̂rish békunom." inîḁ̂ hấr rû́zishû mîâvú. tâ räsî a̤ cíl rûzâ̤. ishû-gố: „kakḁ̂mûnä̤ bîḁ̂r a̤ dấr, ki mû-mîá ishbắverûm.“ ish-gố: „hûshî, yä dắste libásî bi̥ḁrî, tâ békunom sắre bắrish; ûsí ish-bắverî.“ ishtín, libḁ́sishû ha̤m âvú. háî dḁyím mîandín: „hâlî dắ mû-mîá kakḁ́mû bắverûm.“ ish-gố: „libás om-nắdôta.“

âkhúr kḁ́rî ish-kí, gurgắl andín, bishtín a̤ täî khûnắ. tâ nä kakḁ́î hin, nä cí. yä pârắ astaghûnish ríhta. rûvḁ́ gurúkht.

Übersetzung.

Es waren vier Wölfe; sie hatten einen Bruder, der war krank. Der Fuchs kam, betrog die Wölfe, sagte: „Gib deinen Bruder in meine Hand, daß ich ihn gesund mache.“ Sie brachten den kranken Bruder. Sie brachten ihn in die Wohnung des Fuchses. Der Fuchs sagte: „Nun gehet[1]); nach vierzig Tagen kommt, holt euren Bruder.“

Sie gingen. Und der Fuchs trug diesen in seine Wohnung. Er zerriß den Wolf, fraß ihn. Er hatte gesagt: „Bringt jeden Tag Hammelfettschwanz, denn ich will seinen (des Kranken) Körper damit einreiben.“ Diese brachten alle Tage. Bis die vierzig Tage zu Ende waren. Sie sagten: „Bringe unseren Bruder heraus, denn wir wollen ihn holen.“ Er sagte: „Gehet, bringet einen Satz Kleider, daß ich sie ihm umtue; dann nehmt ihn mit.“ Sie gingen und holten Kleider. Immer wieder kamen sie: „Nun wollen wir aber[2]) unseren Bruder wegbringen.“ Er sagte: „Ich habe die Kleider noch nicht genäht.“

Schließlich trieb er es so, daß die Wölfe kamen, in die Wohnung gingen. Da ist weder ihr Bruder, noch irgend etwas. Ein paar seiner Knochen sind da zerstreut. Der Fuchs entfloh.

XVII.

yä shákhse pîrä-mắrdî misále ma̤ bî; ínä auládish nắbî. yä púsî sha̤ gír âmắî. pús dú sắ sḁ́lắ vḁ́-bí. ba̤vásh mîshû a̤ khîsh. î púsä nûn ish-mîbú sî ba̤vásh. yä rû âmắî, ish-gố: „nắna! omrû nûne dú näfắr dắ hûni täî däsmál. ba̤vḁ́ mih-

[1]) Persisch: شما دیگر بروید

[2]) Persisch: ... حالا دیگر

mûnish hin.“ nûn ish-vḁsâî, bushû bíre ba̤vḁ́sh. ish-dî tâ dú tâ sävár a̤ rá mîärín. andín bíre pîrä-mắrd. ishû-gô: „cítin bắkhorûm?“ nûn ish-âvú, bíre yắk'shû khá. ish-pursî ki: „kúja mîshît?“ ishû-gô: „zắne pḁdishḁ́ näkháshin; mîshûm a̤ sî dävá.“ pús ish-gô: „mîshît ä sî dävá; cíl rû häkîm ma'atắlitû mîkû, yäk abbḁsî ha̤m dävátû mîδî.“ sävârá ishtín, häkîmishû päîdá kí. tâ cíl rû ma'atắlishû kí, há̤mû yäk abbḁsî dävákshû ish-dá. ishû-gô: „pús rás ish-gôta.“ a̤ sî ha̤kîm ishû-gô ki: „yä bäcắî ha̤mcî hắrfî a̤ sî má ish-zá̤.“ häkîm ish-gô: „ma̤ bắverî bíre hắmû bäcắ.“

andín bíre hắmî pîra-mắrd. púsish súb a̤ nänásh ish-gô: „nûne bḁvḁ́m u sắ tâî dắ háδi, ki bḁvḁ́m mihmûnish hin.“ nûn ish-isắî vu âmắî. tâ sävârá ha̤m andín, pîâδắ vḁ-bíδän, bíre ha̤m nûn ishû-khá. sävârá shû-gô: „mâ mîshûm, häkîm mihmûne tú hin.“ pús âmắî, häkîm ish-isắî u bushû a̤ khûnắ. mutävajjíhish vḁbî tâ pa̤sín. bḁvḁ́sh ha̤m âmắî. häkîm ish-gô: „má̤ häzár tumín mîδäyom, ki î púsa háδît a̤ má̤.“ pîrämắrd u zắnish dílishû nímîâ ki háδäyän. häkîm âmắî, dú häzár tumín ish-dá; bäcắsh ish-isắî. sävár vḁ-bî, bäcắsh ish-nihá a̤ tắrkish. bushû. bäcắ ish-bû a̤ täî rá. bäcắ ish-nihá a̤ zämîn. sha̤llák ish-käshî, ish-zắî. ish-gô: „a̤ rá béshû!“ häkîm bäcắ ish-bû a̤ khûnắsh. súb ish-dá a̤ kakḁ-sí, gô: „ínä bắva a̤ yä jḁ́î, békush. khînish békû täî yä shîshắî, bîḁr a̤ sî má̤.“ kakḁ-sí bäcắsh a̤ kûlắ ish-kí, u bushû. ish-bû a̤ yä jḁye bîâbûnî. dílish nắ'âmäî ki bäcắ békushi. yä bḁhändắ päidá ish-kí, ish-kúsht. khînish ish-kí täî shîshắ. bäcắ ish-bû a̤ khûnắye kakḁsh, sha̤ kír kí. âmắî, khîne bḁhändắ ish-bû a̤ bíre häkîm, ish-gô: „om-kúsht.“ — yä rûzî pḁdishḁ́ âmắî, bushû där kinâre däryá a̤ gärdísht. ish-dî cắnd tâ mḁhî âmắî bushû. yä mḁhî yä tôqish a̤ kämắr bî. pḁdishḁ́ sha̤ mḁhî pursî ki: „tú nắr hísa, yâ mâδắ?“ mḁhî séle pḁdishḁ́ ish-kí, ish-khandî. pḁdishḁ́ a̤ va̤zîr ish-gô: „ma'aníye î khandắ sî má̤ bégûî; ägắr it-nắgô, it-mîkushóm.“ muhlắte cíl rûzắ ish-khás.

tâ âmắî sắre cíl rûzắ. va̤zîr âmắî a̤ khûnắsh. bäcắ täî khûnắye kakḁ-síye va̤zîr bî. va̤zîr däst-pâcắ bî ki: „om-nắshahisa ki î mätlắbä béguyom, pḁdishḁ́ om-mîkushí.“ bäcắ âmắî, ish-gô: „cítin ki däst-pâcắ hắsa?“ va̤zîr hḁ́lish a̤ sî bäcắ mîgô.

bäcå ish-gô: „ínä mätlåbí nì; mą̈ bå̄va tâ sî pą̊dishą̊ bégûyom.“ andín bäcå shû-bú ą̈ huzûre pą̊dishą̊. bäcå ish-gô: „khalvåt békû tât ą̈ sî bégûyom.“ bäcå shą̈ pą̊dishą̊ pursí: „cånd tâ zånít hin?“ ish-gô: „cíl tâ.“ ish-gô: „hår cil tâsh bíâr.“ cíl tâ zån ish-âvú. bäcå hâlísh ą̊bí, ki yä mårdî tû î cíl tâ zånin. âmâî, dåstish ish-girít, ish-gô: „ínä mårdin.“ shą̈ pą̊dishą̊ gô: „û rûz ki mą̊hí ish-khandí, hâlít vą̊-nåbiδa, ki yä mårdî tû cíl tâ zånitin.“

Übersetzung.

Es war ein alter Mann, wie ich; der hatte keine Kinder. Er bekam einen Sohn. Der Sohn wurde zwei, drei Jahre alt. Sein Vater ging zum Pflügen. Dieser Sohn brachte das Essen (Brot) für seinen Vater. Eines Tages kam er, sagte: „Mutter! Heute lege das Essen für zwei weitere Personen in das Tuch. Der Vater hat Gäste.“ Er nahm das Essen, ging zu seinem Vater. Er sah, daß zwei Reiter auf dem Wege daherkommen. Sie kamen zu dem alten Manne. Sie sagten: „Was hast du, daß wir es essen?“ Er brachte das Essen, sie aßen zusammen. Er fragte: „Wohin geht ihr?“ Sie sagten: „Die Frau des Königs ist krank, wir gehen wegen einer Arzenei.“ Der Knabe sagte: „Ihr geht wegen der Arzenei; vierzig Tage wird euch der Arzt hinhalten und euch für einen Abbasi[1]) Arzenei geben.“ Die Reiter gingen, machten den Arzt ausfindig. Vierzig Tage hielt er sie hin, gab ihnen für eben einen Abbasi Arzenei. Sie sagten: „Der Knabe hat wahr gesagt.“ Sie sagten zum Arzt: „Ein Kind hat so zu uns gesprochen.“ Der Arzt sagte: „Bringt mich zu eben jenem Kinde.“

Sie kamen zu dem alten Manne. Sein Sohn sagte am Morgen zu seiner Mutter: „Gib mir das Essen für meinen Vater und noch drei Personen, denn mein Vater wird Gäste haben.“ Er nahm das Essen, und kam [zum Vater]. Da kamen auch die Reiter, stiegen ab, sie aßen zusammen. Die Reiter sagten: „Wir gehen; der Arzt ist dein Gast.“ Der Knabe kam, nahm den Arzt und ging nach Hause. Er sorgte für ihn bis zum Abend. Da kam auch sein Vater. Der Arzt sagte: „Ich

---

[1]) 1 Abbasi = 4 Sçhahi, ungefähr 8 Pfennige.

gebe tausend Toman, [dafür] daß ihr diesen Knaben mir gebet." Der alte Mann und seine Frau, ihr Herz wollte ihn nicht geben. Der Arzt kam, bot zweitausend Toman; er erhielt das Kind. Er stieg zu Pferde, legte das Kind hinter sich. Er ging. Er nahm das Kind auf den Weg. Er setzte das Kind auf die Erde. Er zog die Peitsche, schlug es. Er sagte: „Gehe zu Fuß [auf dem Wege]!" Der Arzt nahm das Kind in sein Haus. Am nächsten Tage gab er es dem Negersklaven, sagte: „Bringe dies an einen Ort, töte es. Sein Blut tue in eine Flasche, bringe es mir." Der Neger tat das Kind auf seine Schulter, und ging. Er trug es an einen unbewohnten Ort. Sein Herz erlaubte (kam) nicht, daß er das Kind töte. Er fand einen Vogel, tötete ihn. Dessen Blut tat er in die Flasche. Das Kind brachte er in das Haus seines Bruders, verbarg es. Er kam, brachte das Blut des Vogels zu dem Arzte, sagte: „Ich tötete es." —

Eines Tages kam der König, ging an dem Ufer des Meeres spazieren. Er sah, einige Fische kamen und gingen. Ein Fisch hatte einen Ring um den Leib. Der König fragte den Fisch: „Bist du männlich oder weiblich?" Der Fisch sah den König an, lachte. Der König sagte zum Wezir: „Du sollst mir die Bedeutung dieses Lachens sagen; wenn du es nicht sagst (sagest), so werde ich dich töten." Er verlangte eine Frist von vierzig Tagen.

Nun kam es zum Ende der vierzig Tage. Der Wezir kam in sein Haus. Der Knabe war im Hause des Negersklaven des Wezirs. Der Wezir war ratlos: „Wenn ich nicht diese Sache erklären gekonnt haben werde[1]), so wird mich der König töten." Das Kind kam, sagte: „Was ist dir, daß du verzweifelt bist?" Der Wezir erzählte seine Lage dem Kinde.

Das Kind sagte: „Das ist nichts; führe mich hin, daß ich es dem Könige sage." Sie kamen, brachten das Kind zum Könige. Das Kind sagte: „Laß alle sich entfernen, damit ich dir es sage." Das Kind fragte den König: „Wieviel Frauen

[1]) Ich bitte, das unmögliche Deutsch dieses Satzes zu verzeihen. Die persische Verbform ist der regelrechte Ersatz des Futurum exactum; das wollte ich zum Ausdruck bringen.

hast du?“ Er sagte: „Vierzig.“ Er sagte: „Hole alle vierzig her.“ Er holte die vierzig Frauen. Dem Kind ward klar, daß ein Mann unter diesen vierzig sei. Es kam, nahm ihn bei der Hand, sagte: „Das ist ein Mann.“ Zum Könige sagte es: „An jenem Tage, an dem der Fisch lachte, ist dir nicht bekannt gewesen, daß ein Mann unter deinen vierzig Frauen ist.“

XVIII.

yä shákhsî mắrde ba̤̯-khudắî bî. âmắî, bushû́ a̤ ma̤sjíd a̤ nimáz. nắ'âmäî tâ vákhtî khêlî äz shóu bushû́. âmắî, bushû́î bíre zắnish. tâ shäîtû́n ishtá bíre zắnish vä kárisha̤ kírda. inä kárisha̤ nắki. ish-gó: „ínä shäîtû́n âusắn ish-kírda.“ kárisha̤ nắkî, ish-pa̤̯î, tâ núh máh ki va̤̯bî. zắn za̤̯î, yä púsîsh âvú. shôhắrish âmắî, märdúm ish-täläbî, käðkhudá ish-täläbî, âkhundắl ish-täläbî ki: „shimá sha̤̯híð bắît, ki î púsa̤ túkhme shäîtû́nin, ägắ ma̤̯ múrda̤m, ínä äzîyắte a̮ulấde ma̤̯ nắkû.“

shôhắre zä'îfắ múrd. pús ha̤m gút a̤̯bî. ishû-kí a̤ ma̤ktá̤b, mullá shû-kí. ûsí märdúm kätkhudá ish-gírd kí, ish-âvú a̤ dắm khûnắye há̤mî zä'îfắ, dú tâ púse dắ ha̤m ish-bî. yä dótîsh ha̤m bî. î málîyä shû qismắt kí. qismắte î púsä ha̤m ishû-dá. ishû-nálêsht äzîyắte î pusắye dắ békû.

î púse shäîtû́n a̤ kaka̤̯yắl jiðá va̤̯-bî. bushû́î, yä shále sắbzî ish-isắî. khúsh ish-kí a̤ säyyídî. imâmắî ha̤m ish-bá̤st. bushû́ a̤ shắ'är hijáz, ûjá âkhúnde hijáz a̤̯bî. hijáz pa̤̯dishá̤̯ yä púsî vä yä dótî ish-bî, ish-kí bíre î säyyída̤ a̤ kutó. ish-dî ki î pús vä î dóta̤ rû́z a̤ rû́z khärá va̤̯-mîbín. tâ î âkhúnda̤ a̤ kyû́ne î púsa vä î dóta̤ mînisí.

hijáz âmắî, sha̤ pús u dót púrs ish-kí, ish-gó: „râsishä bégû́'ît.“ ishû-gó: „âkhúnd î kára̤ a̤ sắre ma̤̯ mîa̤̯rí.“ hijáz âmắî, âkhúnd ish-täläbî, gó: „tú sî cí î kára̤ it-kírda?“ hijáz háî ish-kí, yä dígî ishû-âvú, pur óu shû-kí, tắshishû kí a̤ zíre î díga̤. î óu a̤ jû́sh âmắî. âkhúnd ishû-bá̤st, shû-nihá täî î díga̤. âkhúnd ishû-púkht.

hijáz háî ish-kí: „ún ci säyyídin, bía̤̯rî.“ säyyidá ishû-âvú. húkm ish-kí, sắre säyyidá pákishû burríð. säyyidá pák ish-kúsht. shóu kha̤̯tî. sha̤ khá̤u̯ dî, pêghambắr âmắî ba̤̯lá̤̯ye sắrish. a̤ hijáz ish-gó: „khudá la'anắtit békû; ínä shäîtû́n bî; sî cí a̤uláde mą̈ bî takhsîr it-kúsht?“ hijáz súb ą̈ pą̈ bî, tâ yắ lắte rûsh sí hin. päshîmûn ą̈bî. ish-gô: „hûshî; hắr ci säyyídin, bią̈rî. om-mîá än'ûmish háδäyom.“ ishtín ki säyyíd bią̈rin. säyyíd nắbî. hắr ci ą̈m bî, zúlfish ish-tirásht, khúsh ish-kí ą̈ säyyíd. andín bir hijáz, än'ûm ishû-sắî, ishtín ą̈ khûnắshû.

î säyyidắ ki härûmzâdắ hísin, nä säyyíde khą̈lísin, shûą̈ mîgûyín säyyíde hijâzî.

Übersetzung.

Jemand war ein gottesfürchtiger Mann. Er kam, ging in die Moschee zum Gebet. Er kam nicht [zurück], als bis viel von der Nacht verflossen war (verfloß). Er kam, ging zu seiner Frau. Da ist der Teufel zu seiner Frau gegangen und hat es ihr gemacht[1]). Dieser machte ihr nichts. Er sagte: „Diese hat der Teufel schwanger gemacht.“ Er machte ihr nichts, er wartete, bis daß es neun Monate ward. Die Frau gebar, brachte einen Sohn zur Welt. Ihr Ehemann kam, ließ die Männer kommen, den Dorfvorsteher kommen, die Gelehrten kommen: „Ihr sollt Zeuge sein, daß dieser Knabe der Sproß des Teufels ist. Wenn ich sterbe (starb), soll dieser meine Kinder nicht schädigen.“

Der Gatte der Frau starb. Und der Knabe ward groß. Man tat in die Schule, machte ihn zum Mulla. Dann versammelte der Dorfvorsteher die Leute, brachte sie zum Hause eben dieser Frau. Sie hatte noch zwei Söhne. Auch eine Tochter hatte sie. Man verteilte diesen Besitz. Den Anteil dieses Sohnes auch gab man. Man ließ nicht zu, daß er die anderen Söhne schädige.

Dieser Sohn des Teufels trennte sich von den Brüdern. Er ging, kaufte (nahm) einen grünen Schal. Er gab sich für einen Seyyid aus. Auch die Kopfbinde legte er an. Er ging nach der Stadt des Hidschas, dort ward er Gelehrter des Hidschas. Der König Hidschas hatte einen Sohn und eine Tochter, er tat sie zu dem Seyyid in die Schule. Er sah, daß dieser Sohn und diese Tochter von Tag zu Tag schlechter

[1]) In obszönem Sinne.

werden. Denn dieser Akhund koitierte in den Anus dieses Knaben und dieses Mädchens.

Hidschas kam, fragte den Sohn und die Tochter, sagte: „Sagt die Wahrheit davon." Sie sagten: „Der Akhund tut dieses mit uns." Hidschas kam, ließ den Akhund kommen, sagte: „Weshalb hast du diese Sache gemacht?" Hidschas gab Befehl, man brachte einen Kessel, füllte ihn mit Wasser, machte Feuer unter diesem Kessel. Das Wasser kam ins Sieden. Man band den Akhund, steckte ihn in diesen Kessel. Man kochte den Akhund.

Hidschas gab Befehl: „Denjenigen der Seyyid ist, bringt her." Man brachte die Seyyid. Er gab Befehl, man schnitt allen Seyyiden die Köpfe ab. Er tötete alle Seyyid. In der Nacht schlief er. Er sah im Traume, der Prophet kam ihm zu Häupten. Er sagte zu Hidschas: „Gott soll dich verfluchen; dies war ja der Teufel; weshalb tötetest du meine schuldlosen Nachkommen?" Hidschas erhob sich am Morgen, da ist eine Hälfte seines Gesichtes schwarz. Er bereute. Er sagte: „Gehet, bringt alles, was Seyyid ist, her. Ich will ihnen Geschenke geben." Man ging, um die Seyyid zu holen. Es war kein Seyyid da. Da schor sich ein jeder, der ein gewöhnlicher Mann war, die Locken, gab sich für einen Seyyid aus. Sie kamen zu Hidschas, das Geschenk nahmen sie in Empfang, gingen nach Hause.

Diejenigen Seyyid, die Schurken sind, sind keine echten Seyyid, sie nennt man Seyyid des Hidschas.

---

5. Lârî.

Ich gebe im folgenden die wenigen Sätze und Worte die ich aus den Mundarten von Lâristân aufgezeichnet habe, ohne weitere Erklärungen wieder.

A. Aus Gärrâsh, 4 Farsakh von der Stadt Lâr.

mä agôim	„ich sage".
tu cí agôish	„was sagst du"?

ahmấd durû́kh agố ish	„Ahmed lügt".
amâ durû́kh nâgôhäm	„wir lügen nicht".
hắr cî mu gốt, sídq u rást	„alles was wir sagten, ist wahr und richtig".
î vḁ́si bär khút	„nimm dies für dich".
mäm nḁ́vi, kắmin	„ich will es nicht, es ist zu wenig".
dí nû́n-mu ấû	„gestern brachten wir Brot".
tú nê íñka zunísh	„du warst nicht hier".
kujấ ändísh	„wo warst du?"
ä bäzấl ändím	„ich war im Bazar".
ku acidấish	„wohin gehst du?"
acidấim a sä'rá	„ich gehe spazieren".
tú nắdḁîsh	„kommt ihr nicht?"
bîâ tắ û́cäm	„komm, daß wir gehen".
dí cidấm a shîrấz	„gestern ging ich nach Schiras".
mä dḁím	„ich komme".
tú jilố bấsh	„gehe (sei) du voran".
amấ dḁ'ám	„wir kommen".
tu kắ dḁísh	„wann kommst du?"
äz kújâ dḁísh	„woher kommt er?"
äz shîrấz undḁ́î	„er kam aus Schiras".
shumḁ säbấ kắ dḁî	„wann kommt ihr morgen?"
anâyấ ắsrî dḁín	„sie kommen am Nachmittage".
shumḁ jḁî mắcî	„gehet nicht irgendwohin".
nácäm ä jḁ́î	„ich gehe nirgendwohin."
zû́dî undấm a kârvânsärấî	„wir kamen früh in die Karawanserei".
cû́än ki nắ'undish	„warum kamst du nicht (was ist es, daß du nicht kamst)?"
kárômand	„ich hatte Arbeit".
sắgî tú únd	„dein Hund kam".
mḁ úndäm, ắrzî mû änd	„wir kamen, haben ein Anliegen".
bär cí undístish	„weswegen seid ihr gekommen?"
î särbḁ́z rúzî jum'ắ undísin ä lḁ́r	„diese Soldaten sind am Freitage nach Lar gekommen".
ätirsím ki bíkivim	„ich fürchte, daß ich falle".
kắtim	„ich fiel".

ấmki vái	„hier stehe!“
î sấgsh akushấm	„diesen Hund töte ich“.
î âdấmshû kúsht	„sie töteten diesen Mann“.

Erzählung.

cấr sâl pếsh äz i muqaddimấ̤î ra-vuftấ där ärấd. hấjjî alî-qúlî khân û hấjjî rústäm khâh jấrr-shû bû. bá'd jämîyất jấmshû kí, ciδín vä ärấd, särdấrî iz tärấfî hấjjî rústäm khân shû girít, khêilî sävấrî khûbî shûjấ'î vạ. shu dấst âû u däzgîr shû kí. bấde sí rûz sí gulûlấ shû zấd u shû kúsht.

Übersetzung.

Vier Jahre vor diesem (d. i. heute) ereignete sich[1]) eine Begebenheit in Äräd[2]). Hadschi Ali-quli Khan und Hadschi Rustäm Khan hatten Krieg. Hernach zogen sie das Heer zusammen, gingen nach Äräd, ergriffen den Befehlshaber von Seiten des H. Rustäm Khan; er war ein sehr tüchtiger und tapferer Krieger. Sie brachten ihn in ihre Hand und banden ihn. Nach drei Tagen schossen sie drei Kugeln auf ihn und töteten ihn.

B. Aus der Stadt Lâr.

mä tú om kúshtish[3])	„ich tötete dich“.
tú mấ ut-kusht	„du tötetest mich“.
cûän hâkím túsh kúsht	„warum tötete der Gouverneur dich?“
hákim cûän túsh zätish	„warum schlug dich der Gouverneur“.

---

[1]) Persisch راه افتادن

[2]) Äräd liegt nach dem Fârsnâmäh 13 Farsakh NW. von der Stadt Lâr.

[3]) Ich bitte, über die begriffliche Unmöglichkeit dieses und der folgenden Sätzchen hinwegzusehen. Das Verbum „töten“ ist aber so ziemlich das einzige, welches überall ausschließlich mit dem Akkusativ des direkten Objektes verbunden wird, und um Beispiele für die Konstruktion und Bildung transitiver Präterita handelte es sich hier bei meinen Fragen. Beim Verbum زدن z. B. wird das Objekt häufig mit به „auf jemanden schlagen“ eingeführt, bei پرسیدن ja auch im Schriftpersischen stets mit از. Übrigens wird, bei der allgemeinen Neigung der Perser zu Übertreibungen, کشتن sehr häufig im Sinne von „stark schlagen, halbtot schlagen“ gebraucht.

cût kírdisun ki zấtish	„was hast du getan, daß er dich schlug?"
hâkím mấsh kúsht oder: hâkím mấ ush-kúshtim	„der Gouverneur tötete mich".
acím, acísh, acidâî;	„ich gehe, du gehst, er geht";
amấ acấm, acidâî, acidâįn	„wir gehen, ihr gehet, sie gehen".

(Doppelformen für alle Personen; also auch acidâim „ich gehe", acidâish „du gehst" usw.

ciðím, ciðísh, cû	„ich ging, du gingst, er ging";
ciðấm, ciðî, ciðín	„wir gingen, ihr ginget, sie gingen".
mä dâím, tu dâísh, anấ dâ	„ich komme, du kommst, er kommt";
amấ dâäm, shümấ dâî, anấ dâín	„wir kommen, ihr kommt, sie kommen".
úndim, úndish, únd	„ich kam" usw.
úndäm, undî, úndin	„wir kamen" usw.

Erzählung.

gurbâî cû ä särấ vî. cû ä pîshe päläñg. árzish kí, ish-gút: „âî khâlä, ki âdämîzád khêlî ma azín." ish-gút: „khêlî khûb, khâlä! ägấ âdämîzád únd ä kû, shaqqísh äkunîm." âdämîzád únd ä kû, päläñg shä gîrô, ki: „cûän khâlâî ma azínish? hâlấ bâyád kutấk békhurish." âdämîzád ish-gút ki: „zûr ma khûnấ vâ-ishtí; acím, zûrom dârêm, khúd u tú a kushtîr agîrâm." âdämîzád shä päläñg gút ki: „gûl má azínish; béhêl ta kunár abänêm, ucím, zûrom äz khûnấ bîârêm." tuvấr izh-vâsí, u zấtä päläñg, shaqqâsh kí.

gurbấ shä päläñg gút: „khâlä, om nâgutish, gûl tä äzên? âdämîzád khêlî gûl äzên." päläñg jûábe gurbâsh dấ ki: „aî khâlä! ägấ mấm dânäîsûn, gûle im om-nákhä. hâlấ ädâním ki âdämîzád khêlî îlấshî; digấ khô âdämîzád názênim; ki yák gûle khóm om-khấ, tôbấ akunîm."

Übersetzung.

Eine Katze ging in eine Einöde. Sie ging zum Panther. Sie brachte ihr (das) Anliegen vor, sagte: „O Tante[1]), die Menschen

[1]) Man betrachtet den Panther anscheinend als weiblich.

schlagen mich sehr.“ Er sagte: „Sehr gut, Tante! Wenn der Mensch auf den Berg [1]) kommt (kam), so werde ich ihn zerfleischen.“ Der Mensch kam zu dem Berge, der Panther ergriff ihn: „Warum schlägst du meine Tante? Jetzt mußt du Schläge erleiden (essen).“ Der Mensch sagte: „Ich habe meine (die) Kraft zu Hause gelassen; ich werde gehen, meine Kraft holen, ich selbst und du, wir werden ringen.“ Der Mensch sagte [weiter] zum Panther: „Du wirst mich anführen; laß zu, daß ich dich an den Kunar-Baum binde, daß ich gehe, meine Kraft von Hause hole.“ Er holte (nahm) das Beil, schlug auf den Panther los, zerfleischte ihn.

Die Katze sagte zum Panther: „Tante, sagte ich dir nicht sie werden dich betrügen? Die Menschen trügen viel.“ Der Panther gab der Katze zur Antwort: „O Tante! Wenn ich es gewußt hätte [2]), so hätte ich mich nicht betrügen lassen. Jetzt weiß ich, daß der Mensch viel List besitzt, weiterhin werde ich den Menschen nicht schlagen; einmal habe ich mich betrügen lassen, nun mache ich Umkehr (d. h. will ich es nicht wiedertun).“

---

[1]) Wo der Panther lebt.

[2]) Persisch: اگر من دانسته بودم گول نمیخوردم

ANHANG

Die Mundart von Kälûn-Abdû.

Aus den wenigen, weiter unten folgenden Materialien aus dem Dialekte der kleinen Dorfgruppe Kälûn-Abdû läßt sich mit Sicherheit die Zugehörigkeit dieser Mundart zu den kurdischen Dialekten erschließen. Die Bevölkerung der beiden Dörfchen muß vor langer Zeit aus dem Kurdengebiete im Nordwesten Persiens, vielleicht sogar aus der heutigen Türkei nach Fârs eingewandert, oder, was wahrscheinlicher ist, gewaltsam überführt worden sein. Leider ist aus den vorhandenen Materialien nicht mit Sicherheit zu erkennen, welche der kurdischen Dialekte dem versprengten Abdûî am nächsten stehen.

Das Abdûî stimmt in folgenden Punkten, die sich vereint nur im Kurdischen wiederfinden, mit der Sprache jener Nomaden überein:

1. indogermanisch g_1 ist im Abdûî durch z vertreten: *tízänóm*, „ich weiß".

2. Das pron. suffixum der 3. Person ist im Singular *-î*, im Plural *-yû(n)*.

3. Das Präsens-Präformativ ist *tí-*, wie in einigen kurdischen Mundarten, cf. Justi, Kurdische Grammatik, § 80.

4. Wie fast alle kurdischen Mundarten, verwendet das Abdûî beim Verbum „sagen" die $\sqrt{vac}$- im Präsensthema, während das Participium praeteriti und die aus ihm gebildeten Tempora von der $\sqrt{gub}$- abgeleitet sind.

5. Das Präteritum *átom* „ich kam" findet sich ebenfalls sonst nur im Kurdischen: *hátim*, *där-átim*.

Mit den übrigen, oben (S. XXVIII) erwähnten, in Fârs gesprochenen südkurdischen (Läkkî-) Mundarten hat das Abdûî nichts zu tun, vielmehr weist das Präsens-Präformativ *tí* sowie die alte passivische Konstruktion des transitiven Präteritums, die im Läkkî aufgegeben ist, das Abdûî den westlichen, den sogenannten Kirmânjî-Dialekten zu.

Ich habe wegen der Geringfügigkeit meiner Abdûî-Materialien von einer systematischen Behandlung abgesehen, und gebe lediglich meine Aufzeichnungen. Es sind zunächst einige Konjugations-Paradigmen, und eine kleine Liste von Verben im Präsens und Präteritum, sodann eine Anzahl aus dem Persischen übertragener Sätze, die hauptsächlich den Gebrauch der Pronomina illustrieren. Darauf folgt die aus Rosens Colloquial grammar of the Persian language übersetzte Anekdote, sowie eine von meinem Gewährsmanne selbständig erzählte Geschichte. Diese Materialien sind von mir im Januar 1902 in Schiras nach dem Diktate eines gewissen Kärbäläî Shähîd-Qulî aufgezeichnet worden, mit dem, wie er mir berichtete, auch Zhukovskij gearbeitet hat. Die unter Nr. III wiedergegebenen Sätze habe ich im Februar 1907 ebenfalls in Schiras nachgeschrieben.

Das interessanteste Stück ist das nun folgende „Kitâb-e-niṣâb". Es ist ein versifiziertes Vokabular der Abdûî-Mundart, verfaßt von einem Mullâ ʿAbbâs, der etwa um die Mitte des XIX. Jahrhunderts in Abdû lebte. Sein Sohn Fatḥullâh hat für mich eine Abschrift des Werkchens im Februar 1902 angefertigt, die ich wörtlich abgedruckt habe. Ich ließ mir in Schiras von dem oben erwähnten Shähîd-Qulî die Abdûî-Worte vorlesen, und habe die so erhaltene Aussprache unter den persischen Text der Verse, genau nach der Reihenfolge der einzelnen Worte, gesetzt. Einzelne Angaben des Shähîd-Qulî, besonders Abweichungen von den in den Versen gegebenen Formen, sind in Klammern der Transskription hinzugefügt, ebenso einige Male wörtliche Übersetzungen der Abdûî-Sätze ins Persische da, wo eine etwas freiere persische Übersetzung im Texte die Bedeutung der einzelnen Worte nicht genügend klar macht. Von der Hinzufügung einer deutschen Übersetzung glaubte ich absehen zu dürfen, da der persische Text der Verse keinerlei Schwierigkeiten aufweist.

In der Aussprache des Dialektes ist besonders auffallend die Unsicherheit, ob *δ* oder *r* gesprochen wird. Shähîd-Qulî verbesserte in seiner Aussprache die für altes *d* geschriebenen *r* der Handschrift durchweg in *δ*, sprach aber auch häufig die media *d*. Bei einem anderen Abdûî ist es mir unmöglich gewesen, herauszuhören, ob an den betreffenden Stellen der Mann *δ* oder *r* sprach. Ich erinnere mich übrigens, daß ich auch im Dialekt der Mamassänî-Luren dieselbe Klangähnlichkeit von *δ* und *r* bemerkt habe.

Materialien.

Zur Konjugation.

Persisch کشتن „töten".

Präsens. sing. 1. *mä tîkushóm.*
2. *tä tîkushâ.*
3. *hạ âdâmä hạ säyä tîkúsht* „dieser Mann tötet diesen Hund".
plur. 1. *äväháí*[1]) *tîkushîn,*
2. *ûvâ tîkushän.*
3. *ûhâi tîkushân.*

Konj. Präs. sing. 1. *mäm vạ́ vókushom* „ich will töten".
2. *täd vạ́ vókushä* usw.
3. *hun vạ́ vókusht.*
plur. 1. *ävähạ́i mû vạ́ vókushîn.*
2. *ûvahạ́î tû vạ́ vókushän.*
3. *avâhâi yû vạ́ vókushän.*

Imperativ. *vókush.*

Präteritum. sing. 1. *mâ hi shîräm kúsht* „ich tötete diesen Löwen".
2. *tä hi shîrät kúsht.*
3. *hún hi shîräi kúsht.*
plur. 1. *ävähạ́i hi shîrämû kúsht.*
2. *ûvähạ́i hi shîrätû kúsht.*
3. *avâhạ́i hi shîräyû kúsht.*

---

[1]) Wie im Persischen ماها; weiter unten *ûvähá* = شماها.

Passiv. Präs. *mä kushtâ tîpom* „ich werde getötet".

Persisch آمدن „kommen".

Präsens. sing. 1. *käyóm*[1]).
2. *tä käyâ.*
3. *käyât.*
plur. 1. *käyîn.*
2. *käyân.*
3. *käyân.*
Imperativ. *bą́.*
Präteritum. sing. 1. *ą́tom.*
2. *ą́tä.*
3. *ą́t.*
plur. *ą̂tîn, ą̂tân, ą̂tân.*
Perfektum. *ą̂tädóm* „ich bin gekommen".

Persisch رفتن „gehen".

Präsens. sing. 1. *mä vé-tîcóm.*
2. *tä vé-tîcâ.*
3. *vé-tîcû(t).*
plur. 1. *vé-tîcîn.*
2. *vé-tîcân.*
3. *vé-tîcân.*
Konj. sing. 1. *hâcom.*
2. *hâcä.*
3. *hâcû(t).*
plur. 1. *hâcîn.*
2. *hâcän.*
3. *hâcän.*
Imperativ. *hâcä.*
Präteritum. sing. *vecedóm (-cidóm), vecedä, vecú.*
plur. *vecedîn, vecedân, vecedân.*

Persisch گفتن „sagen".

Präs. sing. 1. *mä tîshóm.*
2. *tä tîshâ.*
3. *û tîbâ,* seltener *tîshât.*

---

[1]) Das *k* stark palatal gesprochen: *kväyóm.*

plur. 1. *hämâmû tîshîn.*
2. *ûvâ ci tîshân* „was sagt ihr?"
3. *uhọi ci tîshân* „was sagen sie?"

Präteritum sing. 1. *mâm gut.*
2. *cit gút* „was sagtest du?"
3. *ci gút* „was sagte er?"

Einzelnes.

úl „stehe auf", pers. پاشو.

úl bạ̊ tâ-âcîn úkhvâsîn „komm, daß wir gehen, uns schlafen legen".

úlû hâcä dâl „stehe auf, geh hinaus".

úläsän säre pạ̊ „stehet auf" pers. پا شوید سر پا.

Verba.

Präsens.		Präteritum, resp. Particip.
käñgävóm	„schlagen"	
kävóm	„herbringen"	*avê,*
käyóm	„kommen"	*ạ́tom,*
tîkäróm	„machen"	*kä, kärd,*
tîbînóm	„sehen"	*dî,*
tîbûsóm	„stehen"	*sâ^h^idom,*
tîtóm	„geben"	*dâ,*
tîsäzóm	„brennen"	
tîzänóm	„wissen"	*zänt,*
tîn^e^dóm (tîn^e^róm)	„sich setzen"	*nâstom,*
tîkävóm	„fallen"	*kä^h^tom,*
tîdäshóm	„melken"	
tîräzóm	„gießen"	*rîht,*
tîgîróm	„ergreifen"	*gurôt,*
tîshóm	„sagen"	*gut,*
tîbäróm	„wegbringen"	*bê,*
tîsh^e^känóm	„zerbrechen"	*ishkänt,*
tîmîróm	„sterben"	*mârdom* (3. sing. *mä*)
tîräsóm	„gelangen"	*räsîm.*

Sätze.

1. hăr ci hărf käñgävâ, hämêi durûkh-ä.
2. hämêi märdúm tîmîrän.

3. hä shutúrä ki tê khûnấ khvátä, häméi hái mấ hästä.
4. tấ kíä?
5. nûme tấ cấ?
6. mấle ävấ hîc ayyále khurdák nídämûnä, häméi gít bídän.
7. hä âdấmä vấtä mấ vúkusht.
8. nû a mấ hâdấ, gushnấmä, vátämä vúkhorom.
9. sấbr kấ, värít a shấ'er hácom.
10. hún mấkush, gunáhî cấ?
11. avâhấ mấñgî, ki hîc gunáhî néikärdä.
12. hä âdấmä kíä?
13. bä hún ki härâmzâdấyä, hîc gấp mấñgî.
14. hä jävûnä ki gútät, ish aʰmấd qashäñgtárä.
15. lêlấ khushgiltárä ish bíbî-khânúm.
16. púse tấ ish häméi bäcädû ädäbtárä.
17. ävấ hâlí täkᵉvêîn?
18. bä ävấ hấmcî gấp mấñgî.
19. sîcấ vátetä ävähái vúkushän, hîc píl mû nídä.
20. kấî khizmát ûᵛähái vấräsîn?
21. här-gáh färmâhísh vấkärän, hâzírîn.
22. hi dú tâ sấyä nâkhúshä, vúkushänî.
23. ấspe mấ zín kä.
24. här-já vécidîn, shikále khûb bî.
25. mấnä ki divấ bídîn, bisyár jäñgấl bî.

1. هر چه حرف میزنی همه‌اش دروغ است
2. همه مردم میمیرند
3. این شتریکه درِ خانه خوابیده است همه‌شان مال من است
4. تو کیستنی
5. اسم تو چیست
6. خانهٔ من هیچ اطفال خوردساله نیستنند همه بزرك شده اند
7. آن آدم میخواهد مرا بکشد
8. نان بمن بده گرسنه ام میخواهم بخورمش
9. صبر کن میخواهم همراهت بشهر بروم

10. اورا مکش گناه او چه چیز است
11. آنهارا مزن که هیچ گناهی نکرده اند
12. این آدم کیست
13. با آنکه حرامزاده است هیچ حرف مزن
14. آن جوان که گفتی از احمد قشنکتر است
15. لیلی خوشگلتر از بیبی خانم است
16. پسر تو از همه بچهها ادبتر است
17. ما حالا کجا هستیم
18. با ما همچنین حرفی مزن
19. چرا میخواهید مارا بکشید هیچ پول نداریم
20. کی به خدمت شما برسیم
21. هر وقت میفرمائید حاضریم
22. این دو تا سگ ناخوش اند بکششان
23. اسپم زین کن
24. هرکجا رفتیم شکار خوب بود
25. آنجاییکه دیروز بودیم بسیار جنگل بود

Erzählungen.

I.

Yäk shîrâzî a isfahûn átä bî, äshá bî, ki mánä jîbbúre bisyárî hástä. khurdâî cînî khúrd-bîdá mílse pûlî kárdä bî, rî^{h}tä bî têi jîbî. här rû tê bâzâre isfahûn vä rî tîcû, muntäzír bî, ki yäk jîbbúrî jîbe ävî vúburt tâ gûl vúkh^{o}ât. tâ hâl jîbe ävî näburrîdá bîû. ráshî där jâî bâ cán tâ isfahûnî násä bîdán, gútî: „mám äshá bî, ki tê isfahûn jîbbúre bisyár hästá ve hál muddátî hästá ki pûle bisyár tê jîbom hästá; hämá-jâ gíshtädom, kásî nácâîdä ki jîbe má vúburt.“ yákî ish hámû isfahûnî gútî: „aî bîcârá! dáh däf'á här ci tê jîbe tá bî, där má avê, dîm ki hämáî cînî ishkäsáyä, bázäm ná a tê jîbät, ve tát náfähmî.“

Übersetzung.

Ein Schiraser war nach Isfahan gekommen, er hatte gehört, daß dort viel Taschendiebe seien. Etwas zerbrochenes Porzellan hatte er wie Geld [zurecht] gemacht, in seine Tasche geschüttet. Alle Tage ging er im Bazar von Isfahan umher, erwartete, daß ein Taschendieb seine Tasche beraube, damit er betrogen werde. Bis jetzt hatte man seine Tasche nicht beraubt. Eines Abends war er (wörtlich: waren sie) mit einigen Isfahanern gesessen, er sagte: „Ich hatte gehört, daß in Isfahan viel Taschendiebe seien, und nun ist es geraume Zeit, daß in meiner Tasche viel Geld ist; überall bin ich umhergegangen, niemand hat vermocht meine Tasche zu berauben.“ Einer von eben jenen Isfahanern sagte: „O Armer! Zehnmal holte ich alles, was in deiner Tasche war, heraus, ich sah, daß alles zerbrochenes Porzellan ist, ich tat (legte) es wieder in deine Tasche, und du merktest es nicht.“

II.

Pâdisháhî bî, yäk dótî bî ve yäk pús. púsî mấ. ish dấghe púsî tấrke shâhî kấ, libáse därvîshî pûshî, ish shấ'er ä dấl shû. ä yä vilấtî räsî, vecû, mấle yä gâvúnî mänzílî kấ. zhinî gâbû hâmilấ bî, hấmû shóû ki därvîsh mấnä vî, púsî ä gîr ât[1]. därvîshî dî ki yä shấkhsî vecû tê tävấdä gâvû. vákhte vär gấsht, gútî: „sî cấ vecấdä tê tävấdä gâvû?“ gútî: „mä pîshûnî nävíshtom, ấtädom ki pîshûnî púse gâvû nävíshtom, ki dóte pâdisháh kismấte ävî tîbû.“

pâdisháh vär gấsht ä shấ'er, vecû têî ·tákht nấs. väzîr púrsî kấ: „tấ ki vecîrấ[2]) ä vilâyätû, cít dî?“ pâdisháh tä'ärîfî kấ, ki: „vecedóm ä mấle gâvû, hämcî tifấkê rúkhî dấ; púse gâvûm kúsht, kumîm pärấ kấ[3]) ki kismấtäm nấbû ki dóte mấ ä gîre pǔse gâvû bîât.“ väzîrî gútî ki: „púse gâvû nấmärdä.“ pâdisháh gútî: „ma'alûm tîkärîn.“[4]) sûấr bîdän, vecedấn ä vilâyấtî ki gâvû bî, ma'alûmî kấ ki púse gâvû nấmärdä.

---

[1]) Persisch: پسر ڭیرش آمد = پسرش به ڭیر آمد
[2]) Persisch: رفتی; *d* und *r* wechseln häufig.
[3]) شکمش پاره کردم
[4]) معلوم میکنیم

pâdisháh púse gâvû khärîdî kắ[1]) häzár tumắn. púsî avé[2]) tê rî váê vúkushtî. väzîrî gútî ki: „bäcắyä gunáhî nîdîä, ki sắrî vúburrä; óbän yä dirắkhtî têî jäñgắlä tâ jûnâvắrî vúkhᵒắt.“ pâdisháhyäm kabûl kắ, bắsyû ä dirắkht, vílû kắ, vecedắn. kâfilắî ish mắnä täräddútî kắ, púsyû vâdî, värîe khóî vebé. tâjírî vebé. tâjír púsî nắbî, ä färzändî khóî kabûlî kắ. tâjíräm ắhle shắ'ere hắmû pâdisháhyä bî. pús gúrt äbî. tâjírî tôfắî[3]) gurôt ä sî pâdisháh. púsî värî vecû tê ändärûn. dôte pâdisháh âshíke púse tâjír bî, vebéî bälắî tê ôták, hämắnä täsarrúf bî, vílî kắ vecû. dukhtärắk hâmilắ bî, khäbắrî ä pâdisháh dá ki: „dôtät hâmilắ bîdắ.“ dukhtärắkî täläbûn ki: „kʲé îắ kärdắ?“ gútî: „púse tâjír.“ pâdisháh húkmî kắ, púse tâjír avé. gútî: „cár mîkhî vekắshänî, kúmî pärắ kắrän.“ pâdisháh sélî kắ ki kädîmäm[4]) kúmî pärắ bîdắ. púrs ä tâjírî kắ ki: „ôûláde khútä?“ gútî: „nắ; tê rîm vâdî, gírtum kắrdä, färzắndî khúm kabûlom kắrdä.“ pâdisháhî khäl'ắt dá, dôtî arûsî kắ, dá ä púse tâjír.

kismắte khodá rắd nắbî, dôte pâdisháh ä gîre púse gâvû át.

Übersetzung.

Es war ein König, eine Tochter hatte er und einen Sohn. Der Sohn starb. Aus Gram um den Sohn gab er die Königswürde auf, legte Derwischkleider an, ging aus der Stadt hinaus. In eine Provinz gelangte er, ging, nahm im Hause eines Rinderhirten Quartier. Die Frau des Rinderhirten war schwanger; in derselben Nacht, in der der Derwisch dort war, bekam sie einen Knaben. Der Derwisch sah, daß jemand in das Haus des Hirten ging. Als er zurück kam, sagte er: „Weshalb bist du in das Haus des Hirten gegangen?“ Er sagte: „Ich beschrieb die Stirne, ich bin gekommen, daß ich auf die Stirne des Sohnes des Hirten schriebe, daß die Tochter des Königs ihm zu teil werde.“

Der König kehrte zurück nach der Stadt, ging, setzte sich auf den Thron. Der Wezir fragte: „Du, der du gegangen bist

---

1) Pers. خرید کرد

2) پسررا آورد

3) تحفه

4) قدیم هم

in die Provinzen, was sahest du?" Der König erzählte: „Ich ging in das Haus eines Hirten, ein solches Vorkommnis ereignete sich, ich tötete den Sohn des Hirten, zerfleischte seinen Bauch, damit es nicht mein Los werde, daß meine Tochter dem Sohne des Hirten angehöre." Der Wezir sagte: „Der Sohn des Hirten ist nicht gestorben." Der König sagte: „Wir werden es untersuchen." Sie stiegen zu Pferde, gingen nach der Provinz, wo der Hirt war, er stellte fest, daß der Sohn des Hirten nicht gestorben ist.

Der König kaufte den Sohn des Hirten um tausend Toman. Er brachte den Knaben, unterwegs wollte er ihn töten. Der Wezir sagte: „Das Kind hat keine Schuld, daß du seinen Kopf abschneidest; binde ihn an einen Baum im Walde, damit ein Tier ihn fresse." Der König auch willigte ein; sie banden ihn an einen Baum, ließen ihn zurück, gingen weg. Eine Karawane zog dort vorüber, sie fanden den Knaben, nahmen ihn mit sich. Ein Kaufmann nahm ihn. Der Kaufmann hatte keinen Sohn, er nahm ihn an Sohnes Statt an. Der Kaufmann auch war aus der Stadt eben jenes Königs. Der Knabe ward groß. Der Kaufmann kaufte (nahm) ein Geschenk für den König. Der Jüngling ging mit ihm in den Palast. Die Tochter des Königs ward in den Sohn des Kaufmanns verliebt, sie nahm (brachte) ihn hinauf in das Zimmer, dort wurde sie beschlafen, sie entließ ihn, er ging. Das Mädchen wurde schwanger, man gab dem König Nachricht: „Deine Tochter ist schwanger geworden." Er forderte das Mädchen vor: „Wer hat dieses getan?" Sie sagte: „Der Sohn des Kaufmanns." Der König befahl, der Sohn des Kaufmanns ward geholt. Er sagte: „Kreuziget ihn, zerfleischt seinen Bauch." Der König sah, daß vorher auch sein Bauch zerfleischt worden ist. Er fragte den Kaufmann: „Ist er dein eigener Sohn?" Er sagte: „Nein; ich fand ihn am Wege, habe ihn genommen, als meinen eigenen Sohn angenommen." Der König gab ihm ein Ehrenkleid, verheiratete seine Tochter, gab sie dem Sohne des Kaufmannes.

Die Vorausbestimmung Gottes wurde nicht umgangen, die Tochter des Königs kam in den Besitz des Sohnes des Rinderhirten.

III.

dánî tîbấ: „ vávû tâ hácîn, úkhvâsîn; läháf tấî khút dấ, ki särmá tîkhorấ!

qurbûnit tîpóm, shîr vékho; hîc mấbä, ki gúrg át, ki khᵛátut; úkhva, úkhva!

hîc mấbä, khûlấk átä páshe dấr. därtá óbän, dirîcấ óbän, tâ ish mîyûnî nát, ki bäcấm vékhvât.

tä khvế cấ, tâ súb vénärîn, kú tîbût." —

„kákâ mấ'asên! vávû tâ hácîn ä hîmấ. ki hîmấmû níða. vä pishtấ kärîn, hácîn, qâtír ve-tîbärîn." „bécîn ä kîvấî?"

„vávû tâ hácîn, ki mấ bäláðom."

„kîvấî bäláði?"

„gâûdû mullá-mähmädî, ki hîzⁱmä khudá kushtấ, rếtä." —

„mánsên! vávû ä bíre mấ, mâtấl[1]) mấbi, ki bîâbûnä; dúz lúkhtemû tîkát, qâtíremû ve-tîbát. mälkî mû ä dấr kävất, pấye mû patî tîkát, qabámû ve-tîbát." —

„vécäsp! mâtấl mấbi! yä búrî âdấmî tê ha túlä-nän. nézânom, cí-kârấîyän. hấi ádäm! dûsti yâ dushmán? hîc mấbä, ki käyấn, käñgävấn mû, ki kushấn mû." —

„hấi sấî-bâb! tä dûsi, yâ dushmán?"

„dúzä, dúzä. dấr cä, dấr cä, ki gurôtînyûn. kákâ jûnî! uvấ dästirí fárs-mädûn än: cí békärîn, ki ve-tîbärấn mû."

„uvấ cí-kârấîʸän? dästirí kîän?"

„dästirí mânsến lúr."

„cí khák vếbîäzhîn? ákhêî! qâtír-mû ve-béⁱyû! pấî vél ä téiʸ â gấrä, hấi-mäddất vékä, hấi yállâh!"

„hấi musalmûnûn! vä dádᵉmû vé-räsän! — hấi yállâh, átän."

„ish kîvấî vebế?"

„izh gâûdû yû vebế."

Übersetzung.

Die Mutter sagt: „Komm, daß wir gehen, daß wir schlafen; die Decke lege über dich, sonst erkältest du dich!

Ich will dir zum Opfer werden, trinke Milch; sprich nichts, denn der Wolf kam, daß er dich fresse; schlafe, schlafe!

[1]) معطل

Sprich nichts, ein Ghul kam hinter die Türe. Schließe die Türe, schließe das Fenster, damit er nicht da hindurch komme, daß er mein Kind fresse.

Du selbst schlafe, daß wir morgen sehen, wie es werden wird."—

„Bruder Muhammed Husain! Komm', daß wir gehen um Brennholz. Denn wir haben kein Brennholz. Auf die Schulter wollen wir es tun, wollen gehen, das Maultier wollen wir [mit-] nehmen." —

„Wohin wollen wir gehen?"

„Komm, daß wir gehen, denn ich bin ortskundig."

„Wo weißt du, daß Holz ist (wo bist du ortskundig)?"

„In dem Tale von Mulla-Muhammedi, dort hat Gott Holz gefällt, es hingestreut." —

„Muhammed Husain! Komm' zu mir, zögere nicht, denn [hier] ist Einöde; Räuber werden uns ausplündern (nackt machen), unser Maultier rauben. Unsere Schuhe werden sie [uns] abziehen, unsere Füße nackt machen, uns den Mantel rauben." —

„Eile dich! Zögere nicht! Eine Schaar Menschen ist auf jenem Hügel. Ich weiß nicht, was sie vorhaben. Hai ihr Männer! Seid ihr Freund oder Feind? Sprich nichts, denn sie kommen, werden uns schlagen, werden uns töten." —

„Hai, du Hundesohn! Bist du Freund oder Feind?"

„Es sind Räuber, Räuber. Renne, renne! Da ergriffen sie uns[1]). Lieber Bruder! Ihr seid eine nicht persisch sprechende (könnende) Schaar; was sollen wir tun, denn sie werden uns ausplündern."

„Was habt ihr vor? Wessen Schaar seid ihr?"

„Die Schaar des Muhammed Husain Lur."

„Was für Staub sollen wir [auf unsere Häupter] schütten [sieben]? Ach! Unser Maultier schleppten sie davon! Den Fuß hebe auf zu diesem Hügel, rufe um Hilfe, hai yallah!"

„O ihr Moslim! Kommt uns zu Hilfe! — Hai yallah, sie kamen."

„Von wo schleppten sie es fort?"

„Aus dem Tale schleppten sie es weg."

---

[1]) Man beachte diese genau mit dem Mukrî *girtinim* „ich ergriff sie" übereinstimmende Präterital-Konstruktion. (Kurdisch-persische Forschungen IV, III, 1 Seite LXXXVIII, § 90.)

IV.

هذا کتاب بلفظ عبدوئی من کلام مرحوم

ملّا عبّاس واحدانعیبن معلّم عبدوئی بخطّ فتح‌الله

پسر ملّا عبّاس مذکور

I.

1. ایکه اندر حسن و خوبی منتها نبود تورا
گوش کن این لفظ با معنی که گویم بر ملّا

2. تُشْتَپِن باشد لحاف بیخریشی متّکاء
تیزَنُم سررشته دارم نیاخوسم خفتن بجا

3. هست آوْریدَن ربودن نیاخورم خوردن بمیل
هست دَهْنی نام مادر نام بابا دان آپا

4. نام عمّو هست عامو عامه عمّه گشته نام
هست داد خواهر و خوِهَد آتبو خاله بیا

5. اُلْبَرَن باشد بیائید وِچَن زینجا روید
بُوسَرَه دان ایستاده وِچِدَه رفته زجا

6. نیکِرُم دان میکنم من کَنْکُوم دان میزنم
ویلَنُم بگْذارم مَنْکی مزن ایندم مرا

7. هِنْیَّه تَه نیکِرِه یعنی چنین کردی چرا

اِش خدا مَه واتَمَه یعنی که خواهم از خدا

8. نیاچُم و نیشُم روم یعنی و میگویم سخن

نیبُرُم بردن و بَرْدَم برده‌ام این چیزرا

9. هست اُلوهو وَ بِرُم یعنی بیا پیشم دمی

اَهتِرُم دان آمدم چِت بیده چه بود مر تورا

10. اَوْکس دان آن کسان اَوْ کَیَه آن گاوها

نیرُتَه یعنی نداری نیرُمَه نبود مرا

11. نَسْتِرُم یعنی نشستم کَهْتَه یعنی افتاد

سیرُمه یعنی که سیرم دیر ری دور است راه

12. تَرْب نیشه طُرب انگور بود هَنْکورك شب

دیگروز آمد دِوَه کَهْتُم فتادم من ز پا

13. دُهْت دختر جَهْت جَفت سُهْتَه باشد سوخته

تَیْ تُوو رَو سوی خانه مال یعنی خانقا

14. نَیْزَنُم یعنی نمیدانم کَیُم آیم بِرَت

جَسْتِرُم یعنی دویدم تا هِرَه تا این ولا

15. هست شَلْبَا زیرجامه پیراهن شد بابِه

شَوْکُلو دان شب‌کلاه وَه‌کِرَن وا کن مرا

16. چَهْم چشم و تَل سر و مِي مو و خِر باشد گُلو

پاشِ تَل پشت سر است گوش میباشد کِوا

17. هست خَوْرك اَسْتُم نُنْدَه بود جلّت بدان

هم تَبُل را دان طبق وَهْپش بپز تو نان‌را

18. بُو وُ خُه آی و بخور اُلْبُو وِ بَه آی و بگو

فُونَه بنشین اُخُوَه خواب هیچ مَبَه کم کن صدا

II.

ایضاً در بحر دیگر گوید

19. الا ای خردمند نیکوسِیَر

بگو لفظ شیرین همچون شکر

20. مَرَك مَرد زِنگل زن جُهْت جُفت

خَرَك اَرّه دان و لَرَك لورِ تر

21. اپاییَه بپا خواستن دان همی

بود فونَه بنشین وِنَه کن نظر

22. پُلَو تُل بلند است و مَه چَرْخَکی

بود روغنی‌را که ریزی بسر

23. نَه‌تیچات یعنی نشاید چنین

نَه‌تیکات یعنی نکرد او مگر

24. وِنَیچوت یعنی نرفته هنوز

وِنیہچوت یعنی رود این سفر

مَبَه تَه مگو تو مَکَه دان مکن 25.

مَچِه دان مرو حاچه رو کن بدر

اِسَرْدَم گرفتم اُلَشْنَن شنید 26.

وِبَه تَه بگو تو وِکَه کن گذر

کِوَی بیدِ تَه تو کجا بودی 27.

وَمَه کرده گم کرده این را مگر

وِری تنای بریز روی لا بَشَك 28.

عَتَل دان که خیلی بود ای پسر

وَری هاچَه زِل زود همراهش رو 29.

زِل اُلبَو بیا زود ای نامور

آ پاییهِ و بُوس شو بلند و بایست 30.

وِبَه وِنُدم گو که ببینم مگر

اَسیچِه تَهْنَسْتِج نشستی چرا 31.

تَنینْدُم ننشینم ای خوش‌سِیَر

اُلشْنَن شنیدن وِبَه تا وِبَشْت 32.

بگو تا بگوید کلامش دگر

اُله هاچَه وِنِه ننیبات بَرو 33.

برو بین که نبارد مگر

34. هم هیکو تہ دلِ مالِ مَہ بُوسَنُوم

هم آن وقت رفتم من از خانہ در

35. تَہ ہر کِہ کِہ وا چہ تو ہر دم روی

اَمَہ هم وِبَہ گو بمن این خبر

36. وِنَہ کہ وِتیچّن بہبین میبروند

دَبُم تَی تَلَت میزنم من بسر

37. وَ دادُم وِرَس تو بدادم برس

کِیات آید اَهْتَہ آید ببر

38. ژِنِ تَہ زن تو شیت شوهرت

دَیِ تَہ بود مادر تو مگر

39. اَپِ تَہ بود باب تو لا بشك

اَپِ مَہ بود باب من ای پسر

40. تَلُم درد تیکی سرم درد کرد

تَلُ چَهم بیشك بود چشم سر

41. اُلُ هاچہ تَی بو برو روی بام

تَہ اُلُبَو پَیی آی پائین در

42. تَہ خُت تیزَنِہ دان کہ دانی تو خود

نہ تیزونِت یعنی نداری خبر

43. وِ نَیْبات یعنی نبرده است این

نمانه یقین دان نخواهم دگر

44. کَه کیبَرَه دَرِ مَه چه شد چوب من

کِوَی واچه خواهی روی از چه سر

45. بلای است بالا وَریبَو بیا

چلای است لفظًا چراغ ای پسر

46. بود دَهْسُم اِشْکَهْتَه دستم شکست

تووُت مَشْتَه جارو نمودی تو در

47. اُلَهْتَه برآمد وَ اَهْتُ خِوَهْتِ

بود آمد خواب رفت او دگر

48. دگر از شماره زیك تا هزار

تفاوت ندارد بلفظ دگر

49. بجز آنکه پَیْنْتا بود پنج تا

دگر نیست چیزی که بدهم خبر

50. تَلُت وتِرِّشی سرترا تراش

هِرَه فونَه اینجا نشین ای پسر

51. جُلُت کَجَده فرش انداختنی

اُلُ اُخْوَه آی و بخواب ای پسر

52. اَهای دَهْنی البو که مَهْمُو وَ هَهْتِ

بیا مادرا میهمان را نگر

53. وِجَك دَهْنبيك زِل كه مَهْمُو وِچُو

بيبا ميهمان رفت ايندم بدر

54. كِوَى بيدِه هَنْكُورِك راسى وِبَه

كجا بودۀ دوش صدقش شمر

55. آوَه هست ما و اُوَه دان شما

مَلِ مَه بود خانۀ من مڭر

56. مَرى مورچه دان بِرى هست چيز

بِرى وَ مِرى چيز خوردن شمر

57. دڭر هست يكمن آمِه لا بشك

دڭر مِه من آمد بلفظ دُرر

58. غرض عَز بود ڭوسفند عَزو

بود ڭوسفندان ايا خوش‌سِيبَر

59. عَزوچ آوَه ڭوسفندان ما

پُسُوچ آوَه جمع فرزند نر

60. دڭر هست دُخْتو بدان دختران

بود سنك سُو در لغت اى پسر

61. پيباز است پيما وُكَّرك اجاغ

دڭر دك بلفظًا تو ميدان بِلَر

62. تِوَرَه همی دان تو روباه را

کَوَرَه بود غوره ای نامور

2. tustäpán. bîkhärishî. tizänóm. tîkhvasóm.
3. avrîdán. tîkhuróm. dahnî. apá.
4. âmú. âmá. dâd. khuhád at^e bú.
5. ulbárän. vícän. bûsárä. vicädá.
6. tîkärôm. käñgävóm. vîlnóm. máñgî.
7. hinä'á tä tîkärá [wörtl. übers. = اینرا تو میکنی]. ish khudá mä vátämä.
8. tîcóm [= میبروم]. tîshóm [= میگویم]. tîbäróm [= میبرم]. bárdäm.
9. ulûhú vä bírom. ahtäróm [ahtäδóm]. cít bídä.
10. ôu kás. ôu gäyá [آن گاو; plural sonst *gôgäl*]. nírôtä [níδôtä] nírômä [níδômä].
11. nistäróm [nistom]. káhtä. síromä. dîr ríä.
12. tärb. turb. häñgúrk [= دیشب]. divá. káhtom.
13. dóht. jáht. sûhtá. tâî tú'ú [= در خانه]. mâl [mäl].
14. nízänom [nâtîzänom]. käyóm [میایم]. bírit jästírom [jästíδom ; = دویدم پیشت]. tâ hírä [تا اینجا].
15. shälbá. bâbí [bihî]. 'shôu-kullá. vä kirán.
16. cähm. täl. mî. khir. páshe tál. givá.
17. khaurák(?) = ästúm(?). nundá. täbúl. väpísh.
18. bô vu khá. úlbô víbä. fúnä. úkhu [úkhos]. hîc mábä.
20. märák. zhingäl. júht. khärák. lärák.
21. a pâî bá. fúnä. vínä.
22. puló. mäcärkhäkí.
23. nátîcât. nátíkât [= نمیکند].
24. vä nîcút [vä nátîcût = نمیرود]. vä tîcút.
25. mábä tä. mákä. mácä. hácä.
26. isárdäm. ulushnán [= شنیدی]. víbä tä. víkä.
27. kivé bídítä. vámä kárdä.
28. vírî tâi. atál.
29. várî hácä zil. zil úlbô.
30. a pâi bú vu bú'us. väbä vínärom.
31. a sî cí tä nisití. nâtîndom.
32. ulushnán [= بشنوید]. víbä tâ víbäsht.
33. úlu hácä vínä nátîbât bärú [= پا شو برو ببین نمیبرد باران].
34. ham hîkù täi dále mále mä bûsárom [bûsáreδom?].
35. tä här gáh, ki vâ, cá [hácä] [= تو هر گاه که میخواهی برو]. a má ham víbä [بمن هم بگو].

36. vínä ki vítîcän. dêyóm tấî tấlät.

37. vä dấdom víräs. kiyất [= میباید]. ấtä [. . . آمد به].
38. zhíne tấ. shît. dfe tấ.
39. ấpe tấ. ấpe mấ.
40. tấlom dấrd tîkế. tấl u cấhm.
41. úlu hácä tấî bû [= پا شو برو روی بام]. tä úlu bô pấî.
42. tä khút tîzäní [= تو خودت میدانی]. nätîzùnit [= نمیدانند].
43. vä näîbât [vä nätîbât = نمیبرد]. nấmâtä.
44. ki kfrä [kíδä] dấre mấ [= که کجا است چوب من]. kivếi vâ cấ [کجا میخواهی بروی].
45. bälấî. vấrî bô [= پیش او بیا]. cilấî.

46. dấhsom ishkấhtä. tû(v)út mấshtä [= خانه تو جاروب شده].

47. ul-áhtä [ul-ất]. áht [ất] u khváti [آمد و خوابیده].
49. pếi tâ.
50. tấlot vítirishí. hírä fúnä.
51. júlot käjấdä. úlu úkhva.
52. ahấi, dáhnî! úlbô ki mähmú vấhahti [= اهای مادر پا شو که مهمان آمده است].
53. víjäk, dáhnîk! zil ki mähmú vícù [بدو مادر زود که مهمان رفت].
54. kivếi bîdấ häñgúrk, râsí víbä [کجا بوده دیشب راستی بگو].
55. ävấ. uvấ. mấle mấ.
56. märí. biri [= چیز]; bäri = بلوط. biri u miri; volkstümliche Reduplikation?
57. a mí [= „ein Män“]. mí.
58. áz [sing.]; azú [plur.].
59. azúce ävấ. pusúce ävấ.
60. dôhtú. sû.
61. pîmấ. vukärấk [= „Feuerstelle, Herd“]. bilấr [„unreife Feige“].
62. tivärấ. givärấ [„unreife Weintraube“].

Zwischen Vers 22 und 23 stehen noch sechs Doppelverse, die alle das Wort دَرجَرك erklären; es scheint ein Spitzname mehrerer Bewohner von Abdû zu sein. Mein Gewährsmann konnte mir keine näheren Angaben machen; deshalb habe ich die Verse nicht abgedruckt.

FSC
www.fsc.org
MIX
Papier | Fördert
gute Waldnutzung
FSC® C083411

Kolibri 360 GmbH
Ferdinand-Jühlke-Straße 7
99095 Erfurt, Deutschland
produktsicherheit@kolibri360.de